미션 스토리북

천재 물리학자
이휘소를 만나다

김해등 글
윤유리 그림
이기진 감수

위대한 과학자의 방

뜨인돌어린이

작가의 말

아홉 살 때, 우리 집 뒤쪽을 빼곡하게 두르고 있던 대숲은 늘 상상과 현실을 넘나드는 신비로운 장소였습니다. 어느 날 대숲에 들어갔다가 알을 낳지 못한다고 할머니에게 구박을 받던 암탉과 마주했습니다. 나만 보면 도망치기 바빴던 암탉이 그날따라 눈을 희번덕거리며 도망치지 않았습니다. 나중에야 알았습니다. 암탉은 알을 낳지 못하는 게 아니라 대숲에 몰래 알을 낳고 품고 있었다는 것을요.

며칠 뒤 암탉은 노랑 병아리 열댓 마리를 데리고 마당으로 나왔습니다. 샛노란 병아리들이 조잘조잘 부르는 노랫소리를 듣고, 마당에 찍힌 꽃술 같은 병아리들의 발자국을 세는 일은 세상에서 가장 신기하고 재미나는 일이었습니다. 그러다 통통 부풀어 오른 내 호기심이 끝내는 사고를 치고 말았습니다. 닭장의 둥지에서 알을 하나둘 훔쳐 대숲으로 옮겨 놓고 시시때때로 품기 시작했습니다. 암탉처럼 병아리들을 종종 데리고 마당으로 나가고 싶었던 것이죠. 그래서 병아리들을 부화시켰냐고요? 안타깝게도 아닙니다. 며칠 뒤 알들을 들짐승들에게 죄다 도둑맞고 펑펑 울었던 기억밖에 없습니다.

바보 같은 행동을 한 것만 같아 끙끙 속앓이만 했는데, 며칠 뒤 에디슨 위인전을 읽다가 깜짝 놀랄 사실을 알게 되었습니다. 나만 바보가 아니라 과학자인 에디슨도 똑같은 행동을 했다는 것을요. 도리어 그런 바보 같은 실험 때문에 훗날 세계적인 과학자 에디슨이 됐다는 것도요. 우리가 곧 만나 볼 물리

　학자 이휘소 역시 에디슨처럼 엉뚱한 호기심이 많은 아이였습니다. "진달래는 왜 파란색이 아니고 분홍색이야? 달은 왜 자꾸 모양을 바꿔? 고양이가 쥐를 잡아먹는 게 좋은 거야 나쁜 거야?" 이휘소 역시 통통 부풀어 오른 호기심이 많았다는 사실에 반가운 웃음이 터져 나왔습니다.

　난 이휘소 박사를 좇아 보기로 하였습니다. 과학자가 되고 싶은 여러분 또래의 '재우'가 되어 '움직이는 과학자의 방'으로 들어갔습니다. 정말 신기하게도 그 방은 내가 어렸을 적에 자주 들락거렸던 대숲처럼 여겨졌습니다. 일제강점기 때 태어난 이휘소가 한국전쟁을 겪고, 미국 유학 생활을 하면서 세계적인 물리학자로 성공하는 과정을 한 발 한 발 쫓아갈 수 있었으니까요.

　다만 뚜기 친구와 함께 어렵고 기가 막힌 미션을 해결해야만 이휘소가 있는 다른 방으로 들어갈 수 있습니다. 상상과 현실을 넘나들며 신기하고 재미난 일들을 주목하고 관찰해야 하죠. 만약 미션을 제대로 풀지 못하면 먼지처럼 소멸되어 버리는 위험도 도사리고 있다고 살짝 알려 줘야 할 것 같아요. 에디슨과 이휘소 박사처럼 호기심이 가득 찬 여러분이라면 망설이지 않고 '위대한 과학자의 방'으로 뛰어들 것이라 믿습니다.

배꽃 피는 이화당에서
김해등 아저씨가

차례

작가의 말	2
등장인물	6
프롤로그	7
1장 꿈꾸는 책의 방	13
2장 움직이는 역사의 방	35
3장 반짝반짝 물리학 방	53
4장 20세기 최고 물리학자의 방	73
5장 과학자 이휘소의 방	89
에필로그	104
부록	109

등장인물

재우
놀이 중에서 과학 실험 놀이를 최고로 좋아하는 아이. 이휘소처럼 위대하고 멋진 과학자가 되길 꿈꾼다.

뚜기
동화 《피노키오》에 나오는 '말하는 귀뚜라미' 사촌. 방 탈출 미션을 성공할 때마다 뚜기 몸 일부가 사람으로 변한다. 처음에는 다리, 다음은 몸통…. 뚜기는 완전한 사람이 될 수 있을까?

이휘소
영어 이름은 '벤저민 리'이다. 탁월한 연구 실력으로 세계 이론 물리학계를 선도한다. 20세기 최고 물리학자라는 평을 받는다.

1장
꿈꾸는 책의 방

"으악!"

재우는 소스라치게 놀라 비명을 질렀어요. 오고 가는 사람들이 재우를 뚫고 지나갔어요.

뚜기는 재우 어깨 위로 폴짝 뛰어올라 앉았어요.

"걱정하지 마. 우린 사람들 눈에 띄지도 않고 닿지도 않으니까."

"놀랐잖아! 그런데 여기가 어디야?"

"1945년, 서울이야! 일본에서 나라를 되찾은 지 얼마 안 됐어."

"그, 그렇구나."

재우는 손목에 찬 시계를 봤어요.

"시간이 없어. 어서 이휘소 집으로 가야 해."

뚜기는 앞장서 폴짝폴짝 뛰어가기 시작했어요. 어찌나 높이 뛰던지 재우도 달리듯 쫓아가야 했어요. 처음에는 사람들을 이리저리 피해 지나갔지만, 나중에는 빛을 통과하듯 달려갔지요.

뚜기는 어떤 집 앞에 멈췄어요.

'자애의원'이란 간판이 달린 이층집이었어요.

"휘소 어머니가 운영하는 병원이야. 안으로 들어가 보자."

 "휘소야, 아침 먹자!"

어머니가 밥상을 차리며 휘소를 불렀어요. 휘소보다 먼저 세 명의 동생들이 달려왔어요. 할머니는 손수건으로 동생들의 코를 훔쳐 주느라 정신이 없어요. 아버지는 보고 있던 신문을 들고 밥상 앞에 앉았어요. 휘소는 여태 나타나지 않고 있어요.

"이 녀석이 또 책 수렁에 빠졌나 보오."

"병원 손님 때문에 바쁘다는 걸 알고, 우리 대신 책에서 궁금한 것들을 해결하고 있나 보네요."

아버지가 빙긋 웃으며 휘소를 데리러 갔어요. 휘소는 아버지에게 이끌려 나오면서도 책을 놓지 않았어요.

"아유, 누가 부전자전 아니랄까 봐!"

책에 빠져 사는 아버지를 휘소가 꼭 닮았다는 뜻이에요. 엄마가 웃으며 휘소와 아버지 손에 있는 책과 신문을 가리켰지요.

휘소는 밥을 먹는 둥 마는 둥 하고 학교로 향했어요. 재우와 뚜기도 휘소 뒤를 쫓았어요. 재우는 손목의 시계를 봤어요.

"어? 여긴 시간이 흐르지 않나 봐!"

9월 10일
오후 3시 20분

재우는 흠칫 놀라 우뚝 멈춰 섰어요. 뚜기는 이미 알고 있다는 듯 시큰둥했지요.

재우는 문득 "신중히 생각해서 결정해!"라고 말한 뚜기의 경고가 떠올랐어요. 멈춰진 시간 속에 갇혀 버릴까 덜컥 겁도 났고요. 재우는 고개를 절레절레 흔들며 뚜기 옆에 바짝 붙었어요.

학교는 왁자지껄 시장통 같았어요. 일본 말과 우리말이 뒤섞인 바람에 고장 난 라디오를 크게 틀어 놓은 것 같았어요. 하지만 휘소는 앉은 채로 책만 봤어요.

"야, 책벌레!"

민희식이라는 친구가 휘소 어깨를 툭 쳤어요.

"응… 응, 응."

휘소는 책에서 눈을 떼지 않고 웅얼대듯 대답했어요. 희식이는 소문난 부잣집 아들이었어요. 희식이 집에서 〈똘똘이의 모험〉이라는 어린이 영화를 찍을 정도였지요. 일본인 또래 아이가 남기고 간 책이 엄청 많다는 소문도 파다했어요.

"우리 집에 책 보러 가지 않을래?"

휘소는 책이란 말에 눈을 번쩍 떴어요. 실은 오래전부터 희식이 집에 어떤 책들이 있는지 보고 싶었거든요.

"좋아!"

이휘소는 냉큼 대답을 했어요.

희식이네 집은 정말 으리으리했어요. 휘소는 책장에 가득 찬 책들을 보고 입이 떡 벌어졌지요. 눈을 홀리는 만화책! 심장을 졸이

며 쫓고 쫓기는 추리 소설! 소문으로만 들었던 일본 아동 도서들도 많았어요. 무엇보다도 휘소가 좋아하는 과학책들이 손만 뻗으면 닿을 자리에 있었어요. 그중에 유난히 휘소의 눈을 사로잡는 책이 있었어요.

"〈어린이 과학〉이다!"

휘소는 탄성을 내지르며 책을 꺼냈어요. 그런 휘소를 희식이는 신기한 눈으로 쳐다봤어요. 휘소는 강한 자석에 이끌리듯 〈어린이 과학〉에 빠져들었어요.

과학은 휘소에게 수많은 질문을 일으켰어요. 동시에 질문에 대한 답도 찾을 수 있었지요. 그래서일까요? 휘소는 과학과 관련된 책들을 만나면 가슴이 더욱 콩닥콩닥 뛰었어요.

휘소네 가족들은 한동안 귀를 틀어막고 살아야 했어요.

난데없이 휘소가 웅변대회에 나가겠다며 소리를 빽빽 질러 대는 거예요. 그런데 참 신기했어요. 행동이 굼뜨고 말수가 적은 휘소가 웅변 연습을 할 때는 다른 모습을 보였어요.

아니나 다를까, 휘소는 웅변대회에서 큰 상을 받았어요. 상금도 자그마치 삼백 원(지금의 삼백만 원 정도)을 받았고요. 깜짝 놀란 어머니가 휘소에게 물었어요.

"상금은 어디다 쓸 거니?"

"음…."

"뭔데 그러니?"

"실은… 고모의 현미경을 사고 싶어요."

마치 고모의 현미경을 사기 위해 웅변대회에 나간 걸로 들렸어요. 어머니는 속으로 짐작했어요. 휘소가 책에서 보았던 것들을 하나하나 눈으로 확인하고 싶어 한다는 걸요. 나아가 실험까지 해야 속이 후련할 거라는 것도요.

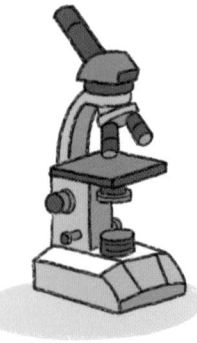

"주인이 따로 있었나 보구나?"

고모는 값비싼 현미경을 휘소에게 흔쾌히 넘겨줬어요. '될 성부른 나무는 떡잎부터 알아본다'라는 속담처럼 고모는 벌써 휘소의 장래를 알아본 것이었죠. 그렇게 장만한 현미경은 휘소에게 과학을 보는 커다란 눈이 되어 주었어요.

사실 휘소가 현미경을 탐냈던 이유가 있었어요. 책에서 본 '세포'라는 단어 때문이었어요. 모든 생물체는 세포로 이루어져 있고, 생물체마다 다른 세포를 가지고 있다는 걸 눈으로 확인하고 싶었던 것이죠.

"세, 세상에! 양파 세포가 이렇게 생겼어?"

휘소는 현미경으로 양파를 관찰하다 깜짝 놀랐어요. 눈에 보이지 않았던 세포가 다닥다닥 붙어 있는 커다란 논처럼 보였어요. 구불구불한 논둑길 같은 경계도 아주 선명했고요.

휘소는 한동안 현미경을 달고 살았어요. 뭐든 보이는 대로 닥치는 대로 관찰했어요. 나무나 꽃 같은 식물뿐 아니라 개미나 여치 같은 곤충, 지렁이나 개구리 같은 동물도 현미경으로 들여다봤어요. 심지어는 오줌과 똥 같은 것들도 가리지 않았지요.

휘소는 그때마다 늘 감탄을 쏟아 냈어요.

"우아, 지구는 세포들의 세상이야!

휘소도 지구의 수많은 세포 중에 하나라는 생각이 들었어요. 문득 밤하늘을 쳐다봤어요. 무수한 별들이 반짝이고 있었어요. 휘소는 별들이 어떤 물질로 이루어져 있는지, 그 물질의 세포는 또 어떤 모양인지 무척 궁금했어요. 자연 현상과 우주에 대한 호기심이 커 갈 때마다 휘소는 진지한 꼬마 과학자가 되었답니다.

중학교에 들어간 후 휘소는 과학과 좀 더 깊어졌어요.

방과 후 화학반에서 수업을 듣게 된 거예요. 화학반에서는 여태 해 보지 못한 실험을 할 수 있었어요. 궁금한 것들을 실험으로 확인할 수 있다는 건 말로 표현할 수 없는 큰 기쁨을 주었지요.

어느 날 휘소는 벌겋게 상기된 얼굴로 어머니에게 갔어요.

"병원 2층 방을 제가 쓸 수 있을까요?"

"실험실로 쓰고 싶은 거구나?"

어머니는 휘소의 속내를 단박에 알아차렸어요.

병원 2층 한쪽에 마련된 휘소의 작은 실험실은 다양한 실험 도구들로 채워졌어요. 휘소는 눈만 뜨면 실험실로 달려갔고, 학교에서 돌아오자마자 실험실로 향했어요. 처음에는 책에서 찾다가, 나중에는 실험으로 찾다가. 휘소는 여러 가지 방법으로 궁금한 것들을 알아보았어요. 혼자서 척척 알아 가는 게 많아질수록 학교 수업이 조금씩 지루하기도 했지요.

"이휘소, 허용! 당장 앞으로 나와!"

유난히 수업이 지루하게 느껴진 어느 날, 휘소는 친구 허용과 장난을 쳤어요. 선생님은 큰 소리로 둘을 불러 세웠어요. 그리고 수학 문제 하나를 풀게 했어요.

허용은 문제를 보자마자 고개를 푹 숙였어요. 공부를 꽤 잘했는데도 어려운 문제가 나오자 당황스러웠어요. 그런데 휘소는 주저하지 않고 단숨에 문제를 풀어 버렸어요. 선생님은 눈을 휘둥그레 떴어요. 고등학생도 쉬이 풀지 못한 문제를 일부러 냈거든요. 선생님은 놀라움을 감추지 못했어요.

"허어! 국가 대표 공부 선수가 탄생했네!"

그날부터 휘소의 별명은 '국가 대표 공부 선수'가 되었어요. 휘소는 그 별명이 부담스러운 나머지 수업 시간에 잘 나서지 않았어요. 아는 것도 모르는 척 손을 들지 않았지요. 하지만 아무도 대답을 못 하거나, 틀린 답이 속출할 때는 결국 휘소에게 눈길이 쏠렸어요. 휘소가 답을 말하면 모두들 "역시, 국가 대표 공부 선수야!"라며 한목소리로 감탄했답니다.

오늘도 휘소는 모든 수업이 끝나자 화학반으로 달음질쳤어요.

"어이, 국가 대표 공부 선수!"

화학 천재라고 알려진 선배가 휘소를 반겼어요. 선배는 선생님들이 까다로워하는 실험까지 척척 해내는 멋진 선배였지요.

"마침 정량분석과 정성분석 실험을 할 참이었어."

"정량분석… 정성분석이요?"

휘소는 흠칫 놀란 얼굴로 선배를 쳐다봤어요. 매우 낯선 실험 방식이었기 때문이에요.

"자, 슬슬 시작해 볼까?"

선배는 유리병 두 개를 탁자에 올려놓았어요. 그러고는 물을 똑

 같이 채웠지요. 다음으로 선배는 실험실 수납장에서 녹말이 함유된 식용 색소를 꺼내 한 개의 병에만 넣었어요. 색소가 들어간 물병은 초록색으로 변했지요.

 이번에는 두 병에 아이오딘 용액을 각각 떨어뜨렸어요. 둘 다 갈색으로 변했어요. 색소가 들어간 유리병 물은 더 진한 갈색이 되었고요.

 "식용 색소에 녹말이 있어서 이쪽이 더 진한 거야. 자, 이번에는 여기에 비타민C 용액을 떨어뜨려 볼게."

 선배는 두 병에 비타민C 용액을 한 방울씩 떨어뜨렸어요. 처음에는 큰 변화가 없었어요. 그런데 비타민C 용액을 몇 방울 더 넣자

신기한 일이 벌어졌어요. 물 색깔이 원래대로 된 거예요. 휘소는 놀란 얼굴로 소리쳤어요.

"색깔이 다시 바뀌었어요."

"하하하, 비타민C에 의해 아이오딘이 원래 상태로 돌아가서 그런 거야. 어려운 말로 '환원'이라고 하지."

"아!"

"백 번 설명보다는 한 번의 실험이 낫다는 걸 알겠지?"

휘소 어깨를 툭툭 치며 선배가 웃었어요. 이번에 선배는 귤 주스를 가져와 유리병에 넣었어요. 그리고 좀 전처럼 아이오딘 용액을 한 방울씩 떨어뜨리기 시작했어요. 실험이라 그런지 새콤달콤한 주스가 눈앞에 있어도 먹고 싶지 않았지요.

귤 주스　　　색 변화　　　청남색

"주스 색이 청남색으로 변하고 있어요!"

휘소가 발딱 일어나며 외쳤어요.

"아이오딘에 비타민C가 산화되어 노란색이 사라지고 있는 거란다. 그 후에 아이오딘이 녹말과 반응해 청남색이 되는 거고."

"이렇게 성분이 있는 걸 확인하는 게 '정성분석'인 거지요?"
"그렇지! 그렇다면 정량분석은 뭘까?"
"양을 확인하는 걸까요?"
"오, 맞아! 그럼, 주스에 든 비타민C의 양은 얼마나 될까?"
"……."

휘소는 곧바로 대답을 못 했어요. 선배는 그럴 줄 알았다는 듯 입을 떼려 했어요. 휘소는 상기된 얼굴로 크게 소리쳤어요.

"떨어뜨린 아이오딘 양으로 비타민C 양을 측정하면 됩니다."
"오! 대단해, 정말 대단해!"

선배는 깜짝 놀라며 휘소를 와락 끌어안았어요. 하나를 가르쳐 주면 열, 아니 백을 아는 휘소가 무척 기특했어요. 답을 맞힌 휘소도 뛸 듯이 기뻤어요. 화학 천재라고 불리는 선배에게 인정을 받는 순간이었거든요.

여느 날처럼 방과 후 실험을 마치고 집에 들어오는데 아버지가 휘소를 불렀어요. 평소 같으면 책에 눈길을 둔 채로 "왔니?"라고 했을 거예요. 그런데 오늘은 휘소를 기다리고 있었다는 듯 아버지 앞으로 오라고 했어요. 어머니가 따뜻한 차를 내오고 차향이 퍼져 갈 때쯤 아버지가 휘소에게 넌지시 물었어요.

"우리 휘소, 꿈은 뭐니?"
"……."

휘소는 갑작스러운 질문에 잠깐 머뭇댔어요. 아버지는 더는 재촉하지 않고 대화를 이어 갔어요.

"아버지는 과학자가 되고 싶었단다!"

"의사가 아니었어요?"

휘소는 뜻밖의 고백에 눈을 동그랗게 떴어요. 아버지는 일본에 나라를 빼앗긴 처지에 꿈을 고집할 수 없었다고 말했어요.

"곧 전쟁이라도 터질 것 같아 걱정이구나."

아버지는 땅이 꺼져라 한숨을 쉬었어요.

"어떤 일이 생겨도 우린 휘소 네 꿈을 응원할 거란다. 네가 좋아하는, 그리고 네가 잘하는 것을 꼭 찾기 바란다."

어머니는 휘소의 손을 꼭 감싸 쥐며 고개를 끄덕였어요.

"내 꿈은 뭘까? 휘소가 부럽다!"

재우 엄마와 아빠는 과학자는 공부도 많이 해야 하고, 힘들다고 하면서 과학자라는 꿈을 못마땅하게 생각했거든요. 재우는 풀이 죽은 채로 휘소의 실험실로 올라갔어요.

"치! 난 꿈도 꾸면 안 돼요?"

마치 엄마 아빠가 곁에 있기라도 한 듯 소리쳤어요.

그때 손목시계가 삐삐삐 울었어요.

시계 화면이 요란하게 꺼졌다 켜졌다 하면서 삐삐 울었어요. 재우는 시계를 벗어서 세차게 흔들어 댔어요. 역시나

고장 난 것처럼 보였어요.

뚜기는 새파랗게 질린 얼굴로 뛰어내려 왔어요.

"이 방을 탈출할 때가 됐다는 신호일 거야! 탈출 신호가 맞다면 이 시계가 힌트를 알려 줄 수도 있어."

재우는 시계를 코앞까지 들이댔어요. 자세히 보니 시계 화면에서 자막이 흐르고 있었어요.

"여기서 미션 카드를 찾으라고?"

뚜기는 더듬이를 빠르게 움직이며 파르르 떨었어요. 놀란 뚜기와 다르게 재우는 방을 요리조리 살펴보며 책과 잡지를 하나씩 열어 보았어요.

"카드를 찾는 것처럼 다음 단계도 쉬웠으면…"

"미션 카드가 어디 있는지 벌써 안단 말이야?"

재우는 대답 대신 뚜기에게 〈어린이 과학〉을 건넸어요.

"휘소가 이 책을 좋아했잖아."

뚜기는 책장을 후루룩 넘기다 카드 한 장을 발견했어요.

"지, 진짜 카드다!"

뚜기는 놀란 눈으로 재우를 바라보다 카드를 바라보다 했지요. 카드 앞면에는 하트 무늬, 숫자 2가 있었어요. 가운데에는 커다란 문 모양의 그림이 있었는데 X 자가 무척 돋보였어요.

"탈출 문이 생겨났어!"

카드 속 모양과 똑같은 X 자를 가진 문이 나타났어요. 탈출은 아예 꿈도 꾸지 말라는 경고를 보내듯 굳게 닫혀 있었지요.

'삣! 삐삐삐삐—!'

탈출 미션
탈출하고 싶으면 카드에 있는
X 자를 지워라!

중요한 힌트
주의! 지우개를 사용하거나,
카드를 훼손하면
미션 실패!

손목시계에 다시 자막이 흘렀어요.

탈출 미션이었어요.

"뚜기, 이거 실패하면 우리 어떻게 돼?"

"이 방에 영원히 갇히게 될지도 몰라."

뚜기는 앞뒤 말을 무 베듯 싹둑 자르고 대답했어요.

"뭐? 어… 어떡해."

"그래서 내가 아까 신중하게 생각하라 했잖아!"

좀 전까지만 해도 미웠던 엄마 아빠 얼굴이 떠올랐어요. 어쩌면 영영 못 만날 수도 있어요.

시계가 다시 삐삐 울렸어요. 그러더니 충전 게이지 하나가 줄어들었어요. 재우는 마땅한 방법이 떠오르지 않았어요. 지우개를 써도 안 되고 카드를 훼손하면 안 된다니요!

"쿵, 쿵! 그런데 카드에서 이상한 냄새가 나네."

"응?"

"아까 아이오딘과 비타민 실험 때처럼 말이야."

"어!"

재우는 손바닥을 세차게 내리쳤어요. 그 바람에 뚜기가 벌러덩 뒤로 넘어졌어요.

"깜짝이야! 지금 장난칠 때가 아니란 말이야!"

재우는 허겁지겁 실험실 수납장으로 향했어요. 그리고 비타민C 용액과 솜 뭉치를 꺼냈지요.

"방법을 알 것 같아!"

"뭔데?"

"여기 이 X자는 아이오딘 용액으로 써진 거야. 비타민C 용액을 바르면 X자가 지워질 거야!"

재우는 솜 뭉치에 비타민C 용액을 충분히 묻혔어요. 그러고 나서 X자를 따라 삭삭 문질렀어요.

한 번, 두 번, 세 번, 네 번….

"어? 어?"

"X가 사라진다!"

거짓말처럼 카드 속에 있던 X자가 점점 옅어졌어요. 탈출 문에 있던 X자도 함께 사라지고요.

철컥!

탈출 문이 풀리자 재우는 뚜기를 찾았어요.

"빨리 탈출하자!"

재우는 눈을 질끈 감고 탈출 문을 열었어요. 무지개 소용돌이가 재우와 뚜기를 감싸더니 세차게 휘돌았어요.

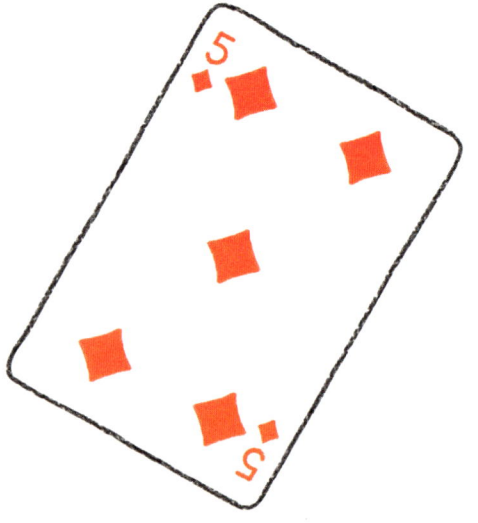

2장
움직이는 역사의 방

'탕! 타타타타타… 꽈르르 꽝!'
귀청이 뜯기는 소리에 정신을 차렸어요. 재우는 기겁하여 외마디 비명을 질렀어요.
"으악!"
지붕 없는 기차에 있었기 때문이에요. 종이 한 장 들어갈 틈도 없이 사람들과 보따리들이 뒤엉켜 있었지요. 눈발이 날리는 추운 날씨 탓에 사람들은 웅크린 채 꼼짝하지 않았어요.
재우는 손바닥을 펴고 뚜기를 살폈어요.
"뚜기… 어? 네 다리가… 사람 다리로 변했어!"
"저, 정말?"
뚜기는 제 다리가 변한 줄도 모르고 있었어요. 다리 모양을 눈으

로 확인한 후에야 눈물을 글썽이며 울먹였어요.

"내 꿈이 이루어지려나 봐."

"그런데 지금 우리 어디에 있는 거야?"

재우는 머리를 푸르르 떨며 말했어요.

"이휘소를 따라 1950년에 들어와 있는 것 같아."

재우는 손목시계를 확인해 봤어요. 시계는 다시 원래대로 돌아와 있었어요. 충전 게이지가 하나 줄어든 것만 달랐지요.

"지금 혹시 전쟁 중인 건가? 피난민 열차 속 같은데…"

"전쟁? 설마 내가 아는…."

"휘소부터 먼저 찾아보자!"

휘소네 식구들은 기차 맨 마지막 칸에 있었어요. 떨어지지 않으려고 서로의 옷자락을 붙잡고 안간힘을 쓰고 있어요.

'꽈르르-꽝, 꽝!'

포탄 소리가 점점 가까워졌어요. 무서운 포탄을 실은 비행기가 이쪽으로 다가오는 모양이에요.

기차는 한참을 달려 조치원에 닿았어요. 아버지는 어렵사리 소달구지를 구해서 아버지 고향으로 향했어요.

"형, 엄마는 왜 우리랑 같이 안 온 거야?"

"할머니를 잠시 보고 오신댔어."

"힝!"

막내 무언이 핑 눈물을 짓자 철웅과 영자도 울음을 터트렸어요. 아버지가 나서서 동생들을 보듬으며 등을 두드려 주었어요.

"걱정 마라, 곧 만날 수 있을 거다."

아버지 옛집은 공주에서 더 들어간 한적한 산골에 있었어요.

'콰꽝! 쐐액, 쐐애액!'

포탄 떨어지는 소리가 멈추지 않았어요. 전투기는 지붕 위로 굉음을 뿜고 지나갔지요. 휘소는 어머니가 걱정되어 밤잠을 잘 수가 없었어요. 어제는 한강 다리가 폭파되어 피난길이 막혔다는 소문까지 들려왔지요.

휘소는 날만 새면 동생들을 데리고 동구 밖으로 나가 어머니를 기다렸어요. 그렇게 눈이 빠지도록 어머니를 기다리던 어느 날이었어요.

"저기, 우리 엄마 같아!"

막내 무언이 멀리 누군가를 가리켰어요. 커다란 짐을 이고 지고 금방이라도 쓰러질 듯 힘겹게 걸어오는 사람이 보였어요.

"어? 어? 진짜 우리 엄마다!"

무언이 부리나케 달려갔어요. 휘소는 그제야 어머니를 알아보고 철웅과 영자를 데리고 뛰어갔어요.

"아이고, 내 강아지들 무사했구나!"

어머니는 가족들을 얼싸안았어요. 그러고는 뺨을 비비며 눈물을 흘렸어요. 피난길이 얼마나 험했는지 어머니 손은 나무껍질처럼 거칠어져 있었지요.

공주에서 지내던 어느 날 어머니가 휘소를 불렀어요.

"책이 없어 답답하지?"

"네…."

"약도 얻을 겸 대전 시내로 나갈 건데 휘소도 갈래? 읽을 책이 있으면 구하고 말이야."

휘소 곁에는 이렇게 늘 책이 있었어요. 공주에서

마산으로, 마산에서 부산으로 피난을 가야 하는 순간에도 책은 휘소네 가족에게 '꼭 필요한 물품'이 되었지요.

휘소는 마산과 부산에서 다시 중학교를 다녔어요. 하지만 졸업을 할 수 없었어요. 1951년 12월에 아버지가 갑자기 돌아가신 거예요. 휘소는 어머니를 도우면서 한편으로는 검정고시를 준비했어요. 그리고 마침내 서울대학교 화학공학과 수석 합격 통지서를 받았어요. 1953년 7월 27일, 휴전 협정이 이뤄지고 전쟁이 멈췄어요. 휘소의 가족은 3년 만에 서울로 돌아왔어요.

동네 곳곳은 쑥대밭이 돼 있었어요. 수많은 건물들이 부서졌고, 거리에는 오갈 곳 없는 사람들로 넘쳐났어요. 어머니는 어렵게 병원을 다시 열게 되었지만 현실을 외면한 채 공부에만 집중하는 자신의 모습을 자책하는 휘소가 늘 걱정이 됐어요.

"휘소야, 아버지는 언제나 널 응원하고 있을 거야!"

"어머니…"

"그리고 공부할 때 네 마음에 있는 기쁨을 기억하렴."

휘소는 문득 과학자가 꿈이었다고 말하시면서 행복해했던 아버지 얼굴이 떠올랐어요. 아버지 역시 휘소가 공부를 포기하지 않기를 바랄지도 모른다는 생각에 가슴이 뭉클했어요.

휘소는 마음을 다잡고 대학교 공부를 시작했어요.

그러나 학교는 휘소가 생각한 만큼 만족스럽지 않았어요. 전쟁 후라 학생들을 가르칠 수 있는 선생님이 많이 없었고, 전공에 맞는 책을 찾는 게 쉽지 않았어요. 휘소가 할 수 있는 건 헌책방, 도서관으로 달려가 전공과 관련된 책을 열심히 찾고 읽는 수밖에 없었어요.

영어든 일본어든 상관없었어요. 어떤 서적이든 책은 어렸을 때처럼 휘소에게 또 다른 스승이 되었답니다.

이런 휘소를 알아보는 교수가 있었어요.

바로 물리화학과 전완영 교수였어요. 훗날 전완영 교수는 우리나라 최초 원자력 공학박사가 된 분이었지요.

어느 날 휘소는 교수님에게 학문에 대한 고민을 털어놓았어요.

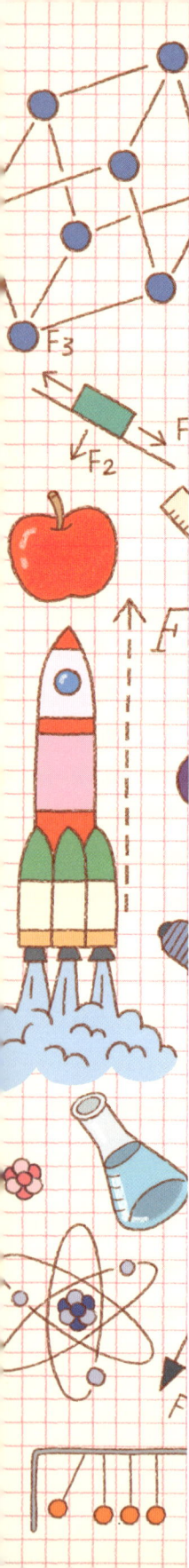

"교수님, 전공을 계속 공부해야 할까요?"

"아니, 화학공학이 어때서?"

"우주를 구성하는 존재들을 알아 가는 물리학을 공부하고 싶습니다."

"지금 과를 옮기는 건 쉽진 않을 텐데."

전완영 교수는 한참을 고민한 끝에 대답을 했어요.

"나와 함께 양자역학을 연구해 보는 건 어떤가?"

"양자역학이요? 정, 정말입니까?"

"함께 공부하다 보면 새로운 걸 발견할지도 모르겠군."

휘소는 전완영 교수의 제안에 가슴이 벅차올랐어요. 휘소를 제자가 아닌 동등한 연구자로 인정해 준 것 같았거든요.

휘소가 미국의 아이링 교수가 쓴 책을 읽으며 양자역학에 푹 빠져 갈 때였어요.

"이 문제는 잘못된 것 같은데…. 아냐, 그럴 리 없어. 다시 한번 논리적으로 접근해 보자."

처음에는 휘소 자신이 잘못 본 거라 여겼어요. 아이링 교수는 세계 최고 물리학자 중 한 명이었거든요. 하지만 거듭 거듭 그 문제를 풀어 봐도 결과는 마찬가지였어요.

휘소는 전완영 교수와도 토론을 해 봤어요.

"오류가 분명해! 전 세계의 물리학자들이 여태 오류를 잡아내지 못했던 건가?"

휘소는 고민 끝에 미국의 아이링 교수에게 편지를 썼어요. 책을 읽은 소감과 더불어 발견한 오류를 세세히 써넣었지요.

"설마, 답장이 올까요?"

휘소는 아이링 교수가 답장을 해 줄 리 없다고 여겼어요. 책에 오류가 있다는 건 학자로서 자존심이 무척 상하는 일이었거든요. 그뿐만 아니라 당시 우리나라는 세계 지도에서 어디쯤 붙어 있는지 알 수 없는 초라하고 가난한 나라였으니까요.

그런데 믿기지 않는 일이 벌어졌어요.

미국의 아이링 교수에게서 답장이 온 거예요. 휘소는 벅찬 가슴을 달래며 편지 봉투를 뜯었어요. 소문은 서울대학교 공과대학 전체로 퍼져 갔어요.

여러 학생들은 휘소 덕분에 용기를 갖게 됐어요. 어렵고 힘든 상황 속에서도 끝까지 학문을 포기하지 않으면 세계 최고의 학자가 될 수 있다는 꿈을 꾸게 되었으니까요. 학생뿐 아니라 교수들도 바짝 긴장해야 했어요. 휘소가 또 어떤 오류를 발견할지 모르니 밤잠을 줄여 수업 준비를 할 수밖에요.

드디어 휘소에게 좋은 기회가 찾아왔어요.

'한국전쟁 참전 미군 장교 부인회'가 미국 유학생을 선발해 후원하겠다는 소식이요. 선발된 학생에게는 비행기 삯과 학

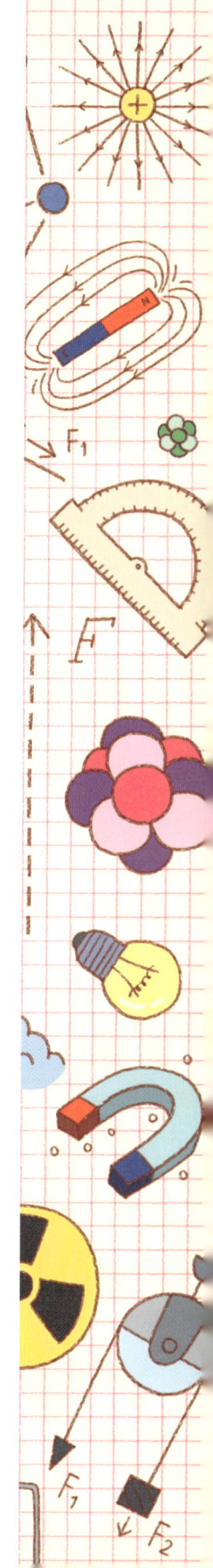

비 전액을 지원한대요. 휘소는 주저없이 응시 원서를 넣었어요.

1954년 12월 15일, 휘소는 주한미군으로부터 미국 유학 최종 결정 통지서를 받았어요. 편입할 학교는 오하이오주에 있는 마이애미 대학교로 미국에서 손에 꼽힐 정도로 권위를 인정받는 학교였어요.

'아, 어떻게 어머니에게 말씀드리지?'

휘소는 그제야 섣부른 자신의 행동을 후회했어요. 홀로 병원을 꾸려 가느라 힘들어하는 어머니 얼굴이 떠올랐어요. 줄줄이 세 명이나 되는 동생들도 걱정이 됐고요. 무엇보다도 미국 생활비 부담이 너무 컸어요. 휘소는 통지서를 들고 며칠을 끙끙 앓았어요.

그러던 어느 날 어머니가 휘소를 불러 세웠어요.

"이리 내놓으렴."

"뭘요?"

"시치미 떼기는! 미국 유학생으로 선발됐다는 소식을 들었단다."

휘소는 죄송한 마음이 앞서 고개를 떨구었어요. 어머니는 휘소를 꼭 안아 주며 등을 토닥거렸어요.

"집안 걱정은 티끌만큼도 하지 말아라. 널 가르친 선생님들마다 네가 장차 큰일을 할 나라의 보배라고 하셨단다. 이번 유학이 아버지와 선생님, 또 나라를 위하는 길이라는 걸 잊지 말고."

"흑, 어머니…."

"괜찮다, 괜찮다니까."

1955년 1월 26일 아침, 휘소는 여의도 비행장으로 나갔어요.

　비행장으로 몰아치는 세찬 바람은 살을 에는 듯 매서웠어요. 수속 절차를 마치고 가족과 마주 섰어요. 동생들은 훌쩍거리며 휘소에게 달라붙어 떨어질 줄 몰랐어요. 어머니는 애써 눈물을 감추며 입가에 미소를 지었지요.

　휘소도 눈물을 보이고 싶지 않았어요. 나약한 모습이 아닌 당찬 모습으로 씩씩하게 떠나고 싶었어요. 휘소는 비행기 쪽으로 빠르게 걸어갔어요. 비행기는 점점 가족을 뒤로하고 하늘 높이 올라갔어요.

 그때였어요! 덜커덩, 쿵쿵!

　느닷없이 비행기가 요란하게 흔들렸어요.

　"꽉 붙들어!"

　재우는 옆자리에 앉은 뚜기에게 소리쳤어요.

　'삣!'

　손목시계가 탈출 경고를 알려 왔어요.

탈출 미션
블랙홀을 없애는 방법!

중요한 힌트
세 개의
참 열쇠를 찾아라!

'삣! 삐삐삐삐—!'

재우는 재빨리 시계를 확인했어요. 아니나 다를까 화면에 탈출 자막이 흐르기 시작했어요. 충전 게이지는 하나 더 줄어 3개가 되었지요.

툭!

뚜기와 재우 앞에 뭔가가 툭 떨어졌어요. 행운을 준다는 포춘쿠키가 든 봉지였어요. 비행기 안은 다시 고요해졌어요.

재우는 쿠키 하나를 잽싸게 집어 들었어요. 그리고 쿠키를 쪼개니 카드가 나왔어요. 카드 앞면에는 다이아몬드 무늬, 숫자 5가 있었고 가운데에는 작은 블랙홀 그림이 있었어요. 카드를 움직이자 블랙홀은 무엇이든 집어삼킬 것처럼 움직였어요. 뚜기는 겁에 질려서 비행기 좌석 밑으로 숨었지요.

"쿠키 열쇠를 줘. 참 열쇠를 줘."

문득 재우의 시선이 포춘쿠키로 향했어요.

"혹시?"

재우는 포춘쿠키를 쪼개 봤어요. 어떤 쿠키는 텅 비어 있었고 또 어떤 쿠키는 열쇠 모양이 그려진 종이가 나왔어요.

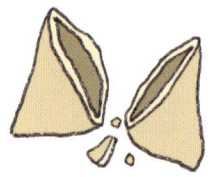 

재우와 뚜기는 열쇠 그림이 있는 종이들을 찾아보았어요.

모아 보니 총 5장이었지요.

"이 중에 참 열쇠가 있을 거야."

뚜기는 더듬이를 빠르게 움직이며 말했어요. 재우가 먼저 '서울대학교 화학공학과 수석 합격 통지서' 종이를 골랐어요. 뚜기가 보며 고개를 끄덕였어요. 블랙홀에 종이를 넣자 스릉 소리를 내며 종이를 꿀꺽 삼켰어요. 신기하게도 블랙홀 크기가 작아졌지요. 움직임도 줄고요.

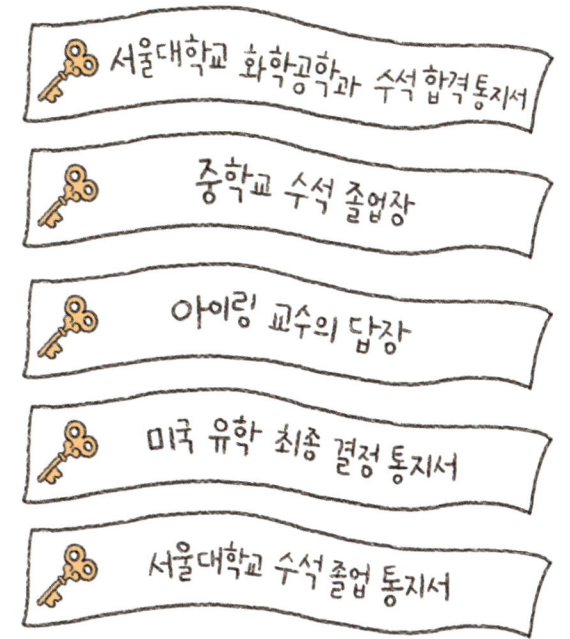

이번에는 뚜기가 '아이링 교수의 답장' 종이를 골랐어요. 종이를 꿀꺽 삼킨 블랙홀은 요란한 빛을 뿜어낸 후 조금 더 작아졌어요.

하지만 블랙홀은 여전히 재우와 뚜기를 향해 무섭게 입을 오물거렸어요.

이제 남은 참 열쇠는 하나예요. 그때 뚜기가 '중학교 수석 졸업장'

을 가리켰어요.

"아니야, 휘소는 중학교를 졸업하지 않았어. 검정고시를 봤잖아."

재우는 나머지 종이들을 꼼꼼히 살폈어요.

'삐삐삐삐-!'

손목시계의 경고음이 다시 울렸어요. 뚜기 얼굴이 새파랗게 변했어요. 재우는 마지막 결정을 내려야 했어요.

"이거야!"

재우가 고른 열쇠 종이는 바로 '미국 유학 결정 최종 통지서'였어요. 재우는 부리나케 종이를 블랙홀에 넣었어요. 그러자 요란한 색깔이 휘도는 블랙홀이 뻥 뚫리듯 걷혀 가고 다이아몬드 탈출 문이 생겼어요.

재우는 뚜기를 안고 얼른 문으로 뛰어들었어요.

3장
반짝반짝 물리학 방

"아이코야!"

재우와 뚜기는 넓은 잔디밭에 떨어졌어요.

재우는 발딱 일어나 주변을 살폈어요. 붉은 벽돌의 웅장한 건물, 넓게 펼쳐진 잔디밭 여기저기에 학생들이 삼삼오오 모여 있었지요.

"뚜기, 여기가 어디… 앗? 너, 몸이 또…."

재우는 뚜기를 가리키며 눈을 동그랗게 떴어요. 뚜기의 몸통이 사람 몸으로 변했기 때문이에요. 그러고 보니 방을 탈출할 때마다 뚜기 몸이 조금씩 사람으로 변하고 있는 것 같아요.

"히히히!"

뚜기는 당연한 듯한 표정으로 히죽거렸어요. 사람 모양으로 변한 다리와 몸통을 신기하다는 듯 자꾸 어루만졌지요. 그러고는 잔디밭 의자에 앉아 있는 한 학생을 가리켰어요.

"저기 봐, 이휘소잖아. 우린 지금 미국에 와 있는 거야."

"정말? 미국?"

재우는 휘소를 보다가 손목시계를 봤어요. 시계는 다시 원래대로 돌아와 있었어요.

 햇빛 아래 휘소의 모습이 몹시 평화롭게 느껴졌어요. 휘소는 햇볕 좋은 의자에 앉아 어머니에게 편지를 썼어요.

어머니, 여긴 마치 신세계 같아요.

미국의 땅덩어리는 헤아릴 수 없이 크고, 넓은 도로는 한없이 쭉쭉 뻗어 있어요. 건물들은 하늘 높은 줄 모르게 솟아 있고, 가게마다 상품들이 가득가득 진열돼 있어요. 막 전쟁이 끝난 한국과는 너무나도 다른 세상 같아서 깜짝깜짝 놀라곤 해요.

마이애미대학교는 또 어떻고요. 세계 각 나라의 학생들이 모여 있는데 한껏 자유로운 것 같은데도 공부는 게을리하지 않고 있어요. 그런 친구들을 볼 때마다 저도 열심히 해야겠다는 의욕이 솟아납니다.

휘소는 편지를 부치고 기숙사에 들어갔어요. 기숙사에는 세계 곳곳의 유학생들이 모여 있었어요. 파키스탄, 이란, 홍콩, 일본, 프랑스 등의 나라에서 온 학생들이에요. 일본 유학생은 대놓고 휘소를 무시했어요. 하지만 휘소는 크게 신경 쓰지 않았어요. 낯선 땅에서 꾸준히 공부하고 실력을 쌓는 게 훨씬 중요했거든요.

학기가 거의 끝나갈 무렵이었어요. 휘소를 무시했던 일본 유학생이 쭈뼛쭈뼛 다가왔어요.

"교수님 말이 너무 빨라서 알아들을 수가 없군."

"고급 미적분학 강의 교수님을 말하는 건가?"

"응…. 넌 어때?"

휘소는 일본 유학생에게 강의 내용을 알아듣기 쉽게 조목조목 알려 줬어요. 일본 유학생은 놀란 얼굴로 물었어요.

"설명이 쏙쏙 들어오네. 그런데 어떻게 영어 실력이 그렇게 빨리는 건가?"

"난 꿈마저도 영어로 꾸려고 노력한다네."

"아!"

이휘소가 가진 남다른 재능이었어요. 영어로 문제의 핵심을 알기 쉽게 정리하고 설명하는 능력 말이에요. 이 재능은 후에 세계적인 물리학자이자 강연자로 우뚝 설 수 있는 초석이 되었죠.

4학년부터 물리학 수업은 명문 예일대학교에서 박사 학위를 받은 아프켄 교수가 담당했어요.

"물리학은 오직 연구 실력으로 평가됩니다. 나 또한 여러분보다 조금 앞서 공부한 선배 물리학자일 뿐입니다."

물리 이론을 배울 때면 휘소는 더욱 빛이 났어요. 번뜩이는 아이디어와 짧은 시간에 복잡한 계산을 정확히 해내는 수학 실력으로 자기만의 공부법을 쌓아 갔어요.

휘소가 도서관에서 밤늦도록 공부하고 있을 때였어요.

"물리학자가 웬 시집이람?"

지나가던 학생들이 비꼬듯 물었어요. 휘소는 대답 대신 옆에 있는 책들로 눈길을 돌렸어요. 시집 말고도 소설, 철학책, 경제학책, 인문학책 그리고 성경까지 보였지요. 휘소는 귀퉁이가 다 닳은 공책을 건네며 말했어요.

"이건 내가 틈나는 대로 쓴 시들이네. 난 이 시적 상상에서 물리학 상상을 찾아내곤 하지. 지구와 우주를 들여다보는 책들을 다양하게 읽어야 제대로 된 연구를 할 수 있지 않겠나?"

"그… 그런가….”

휘소를 놀린 학생들은 도망치듯 자리를 떴어요.

누구보다도 수학에 자신이 있었던 휘소에게도 시련이 찾아왔어요. 바로 '현대 대수학'이라는 과목 때문이에요. 수업 첫날부터 스내퍼 교수는 학생들에게 단호하게 이야기했어요.

"끝까지 버텨 낼 자신이 없다면 지금 포기하는 게 나을 겁니다."

세계 각지 수재들이 모인 자리인 만큼 처음에는 아무도 강의실을 나가지 않았어요.

하지만 날이 갈수록 학생들의 한숨 소리가 늘었어요.

처음 본 공식들과 복잡한 계산, 어려운 숙제들이 산더미처럼 나오자 수강을 포기한 학생 수가 한 달도 안 돼 절반이 넘었지요. 두 달이 지난 후에는 강의실에 휘소 혼자만 남았어요.

스내퍼 교수가 휑한 교실을 둘러보며 휘소에게 물었어요.

"끝까지 해보자는 건가?"

"교수님만 가르쳐 주신다면 끝까지 가 보겠습니다."

휘소는 옹골차게 대답했어요. 스내퍼 교수는 의외라는 듯 고개를 갸웃했어요. 그렇게 시간이 흘러 학기가 거의 끝나는 시점이 됐어요.

드디어 성적표가 나오는 날이에요.

"현대 대수학을 포함해 세 과목 전부 A를 받았어!"

휘소는 성적표를 받아들고 펄쩍 뛰었어요. 10kg이 빠질 만큼 이번 공부가 정말 힘들었거든요.

"정말 수고 많았네. 자넨 끝까지 남을 줄 알았네!"

스내퍼 교수는 휘소를 불러 기쁨을 함께 나누었어요.

"감사합니다!"

"아니, 내가 오히려 고맙네. 사실은 자네를 가르치기 위해 나도 밤을 새워 공부를 했다네. 자넨 아인슈타인이나 페르미, 그리고 오펜하이머 같은 사람들의 뒤를 이을 수 있는 학자야. 그러니 더욱 열심히 하게."

둘은 손을 꽉 붙잡고 껄껄 웃었어요.

휘소의 소문은 학교 곳곳으로 퍼져 나갔어요. 덕분에 마이애미 대학교 우등생 클럽인 '파이 베타 카파'에 가입하게 됐어요. 어쩌다

마주친 교수들은 발걸음을 멈추고 휘소에게 악수를 청했어요.
"자네가 그 유명한 물리학 천재인가?"
"별말씀을요…"

교수들은 겸손한 휘소를 무척 아끼고 좋아했어요. 휘소도 보답이라도 하듯 최고 우등생으로 졸업하게 됐어요. 미국으로 건너온 지 일 년 반 만에 이룬 눈부신 성과였어요.

휘소는 대학원 진학을 앞두고 구두시험을 보았어요.
학생이 아니라 가르치는 교수가 되어 학생들에게 강의를 하는 시험이었어요. 심사 시간이 길어지면서 교수들의 얼굴에 지루한 티가 역력했지요. 휘소의 차례가 되었어요.

"입자 물리학을 주제로 강의해 보세요."

"물리학이라고 해서 딱딱하거나 지루하다는 선입견부터 버려야 합니다. 강의에 들어가기 앞서서 제가 좋아하는 동요를 불러 보도록 하겠습니다."

휘소는 어렸을 적에 즐겨 불렀던 동요를 불렀어요.

"바윗돌 깨뜨려 돌덩이, 돌덩이 깨뜨려…"

이번에는 음에 맞춰, 가사를 이렇게 바꿔 불렀어요.

"모래알 깨트려 분자를, 분자를 깨트려 원자를…."

한글을 잘 모르는 교수들도 흥얼흥얼 따라 했지요. 휘소는 빙그레 미소를 지으며 입자 물리학에 대한 강의를 쉽고 명쾌하게 풀어 나갔어요.

1956년, 휘소는 우수한 성적과 장학금을 받고 피츠버그대학원에 합격했어요. 미국 대학원은 첫 학기가 8월 또는 9월에 시작해요. 대학교 졸업을 마친 휘소에게 여유가 조금 생겼지요.

친구들은 무더운 날씨를 피해 휴가를 떠나며 물었어요.

"가까운 바다로 떠날 건데 같이 가겠나?"

"난 이곳에 있는 게 휴가나 다름없네."

휘소는 들고 있던 신문으로 시선을 옮겼어요. 한국에서 온 신문이었어요. 몇 장 넘기다 〈바람과 함께 사라지다〉라는 영화 광고를 봤어요. 미국에서 상영 중인 영화를 한국에서도 볼 수 있다는 게 놀라웠어요. 휘소는 내친김에 《바람과 함께 사라지다》라는 책을 구해 읽었어요.

《바람과 함께 사라지다》를 읽는 동안 한국에서 전쟁을 겪었던 때가 떠올랐어요. 서울을 빠져나와 공주와 마산 그리고 부산으로 피난을 떠나던 기억도요. 주인공 스칼렛이 전쟁으로 모든 걸 잃고도 꿋꿋하게 일어서는 장면을 읽을 때 어머니가 생각났어요.

"그리운 나의 어머니…."

어머니를 생각하자 휘소의 눈시울이 더욱 뜨거워졌어요.

　대학원 학기가 시작됐어요. 피츠버그 생활은 쉽지 않았어요. 무더운 날씨가 계속되었죠.
　"어서 오게, 벤저민 리!"
　할리데이 물리학과장이 휘소를 맞아 줬어요. '벤저민 리'는 휘소의 미국식 이름이에요. 벤저민 프랭클린 같은 사람이 되고 싶어 영어 이름에 '벤저민'을 넣었지요.
　피츠버그대학원에서 수업과 강의로 정신없이 지내던 어느 날, 휘소는 어머니의 편지를 전달받았어요. 편지에는 동생들 학비가 버거워서 아버지가 마련해 둔 과수원을 팔겠다는 소식과 동생 영자가 몹시 아프다는 이야기도 있었어요. 휘소는 온 가족이 휘소를 위해 희생하는 것 같아 마음이 아팠어요. 물리학자 꿈을 괜히 꿨나 자책도 들었고요.

휘소는 입술을 굳게 깨물었어요.

"넌 벤저민 리야! 벤저민 프랭클린처럼 절대 포기하지 마!"

휘소는 온갖 역경을 딛고 외교관이자 정치가, 훌륭한 과학자가 된 벤저민 프랭클린을 머리에 다시 새겼어요.

얼마 후 휘소에게 좋은 소식이 찾아왔어요. 첫 기말시험에서 전 과목 A라는 성적과 더불어 '벤저민 리' 이름이 피츠버그대학원에 널리 퍼지기 시작한 거예요. 그뿐만이 아니었어요.

"벤저민 리, 내 연구 조교를 맡아 줄 수 있겠나?"

학교 안팎으로 휘소의 실력을 인정하는 교수들이 나타나면서 함께 연구를 하자는 제안이 잇따랐답니다.

휘소는 강의 빼고는 대부분을 연구실에서 보냈어요. 휘소의 의자는 윤이 날 정도로 유난히 반짝였지요. 오죽했으면 사람들이 휘소의 엉덩이가 연구실을 반짝반짝 빛나게 한다고 농담을 건넸을까요.

그러던 중 1957년 어느 가을날이었어요.

"벤저민 리! 그 소식 들었어?"

대학원 동료 한 명이 연구실로 뛰어 들어왔어요. 휘소는 연구에 몰두한 채 "뭘?"이라고 짧게 물었어요.

"중국 물리학자인 양전닝과 리정다오가 올해 노벨 물리학상을 받았다는군!"

"정말인가?"

휘소는 의자에서 벌떡 일어났어요.

두 명의 중국인은 휘소도 잘 알고 있는 사람이었어요. 휘소와 같은 분야를 연구하는 물리학자들이었고, 나이가 서른 살 조금 넘은 젊은 과학자들이었어요.

휘소는 일 년 전, 그들의 이론을 듣고 그럴싸하다고 생각했어요. 그만큼 휘소에게는 익숙하다는 뜻이었죠. 그런데 오늘 그들이 노벨상을 수상했다니요.

"양전닝도 벤저민 프랭클린을 존경해서 '프랭클린 양'이라는 미국식 이름을 지었다고 했어. 그럼 나도… 가능하지 않을까?"

휘소 주먹이 절로 불끈 쥐어졌어요. 하지만 휘소에겐 험난한 과정이 하나 남아 있어요. 그건 바로 박사가 되는 거예요. 휘소는 펜실베이니아대학원 시험을 치렀어요. 하루 여덟 시간씩 삼 일, 그리고 교수들 앞에서 시험 강연을 펼쳤지요. 시험이 끝나고 휘소는 쓰러지듯 잠이 들어 꼬박 이틀 만에 깨어났어요.

"세상에나! 한 문제도 틀리지 않았다니!"

수석은 당연했고, 2등 학생과는 무려 20점이나 차이가 났어요. 미국뿐 아니라 어머니가 계시는 한국에서도 이것은 무척 놀라운 사건이었답니다.

1958년 9월, 드디어 박사 과정이 시작됐어요.

연구실에 머무는 날이 계속 이어졌어요. 그만큼 밤잠은 줄어들

수밖에 없었고, 먹는 것도 변변치 않았어요. 휘소의 몸은 점점 야위어 갔어요.

"실험실 귀신이라도 되려나?"

"저러다 덜컥 뭔 일이라도 생기면 어쩌려고…."

사람들은 좀처럼 보이지 않는 휘소가 걱정됐어요.

휘소는 마침내 완성한 논문을 들고 연구실 밖으로 나왔어요.

휘소의 논문들은 미국의 권위 있는 과학 학술지 곳곳에 실리기 시작했어요.

1960년 〈피지컬 리뷰〉의 속보 같은 〈피지컬 리뷰 레터스〉에 이휘소의 〈파이온-파이온 산란에서 p-파동 공명 현상〉 논문이 소개되었을 때였어요. 클라인 교수가 휘소의 연구실로 찾아와서 격앙된 목소리로 이런 말을 했어요.

"벤저민 리는 이제 우리 펜실베이니아의 인재만은 아닌 것 같네!"

"네? 무슨 말씀이신지…."

"아직 학생인 자네에게 강의 요청이 몰려들고 있단 말일세! 그뿐

만이 아닐세. 요즘 들어 자네 이름을 물어보는 물리학자들이 한둘이 아니라고!"

휘소는 말을 잇지 못했어요. 그동안 연구에 매달렸던 시간들과 가족들 생각에 가슴이 벅차올랐어요. 그리고 마침내 1960년 11월, 휘소는 〈k^+·중간자와 핵자 산란 현상의 이중 분산 관계〉라는 논문으로 박사 학위를 받았어요. 그러나 이때까진 아무도 몰랐지요. 이휘소라는 과학자가 훗날 '참(charm) 입자'를 정확하게 예측한, 위대한 물리학자가 될 거라는 사실을요.

 "흠, 어흠!"

재우는 마치 자기가 유명한 물리학자 이휘소가 된 것처럼 어깨를 쫙 폈어요.

"지금 이러고 있을 때가 아니라고!"

뚜기가 재우 무릎 위로 펄쩍 뛰어올랐어요. 사람처럼 옷을 입고 있었는데, 머리와 손은 아직 곤충 모습이었지요.

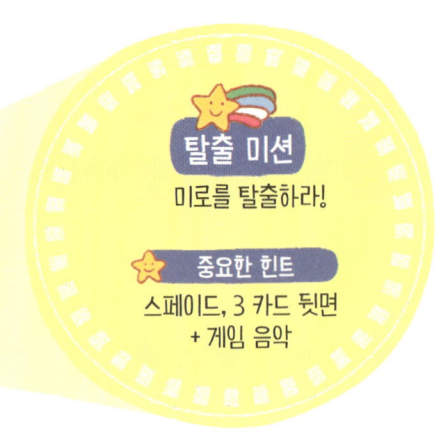

그때였어요.

'삣! 삐삐삐삐—!'

손목시계가 탈출 경고를 울렸어요. 충전 게이지가 이젠 2개밖에 남지 않았어요. 화면이 반짝반짝 흔들리더니 탈출 자막이 흐르기 시작했어요.

시계 화면이 커지더니 게임 미로가 나타났어요. 게임 캐릭터는 재우와 뚜기를 판박이처럼 닮았지요.

"내 손에 도깨비방망이가 있어."

그때 경쾌한 음악이 나오면서 입구에 'GO!'란 불이 들어왔어요.

'음악에 맞춰 걸으세요.'라는 자막도 나타났지요.

"이렇게 하면 되는 건가?"

재우는 음악에 맞춰 걸음을 뗐어요. 그러자 재우와 뚜기가 어느새 게임 속 캐릭터로 변신해 있었어요.

"너무 쉬운데?"

재우와 뚜기는 바닥에 표시된 화살표를 따라 걸어갔어요. 그런데 느닷없이 커다란 바위가 나타나 앞을 가로막았어요. 둘은 있는 힘껏 바위를 밀쳐 봤어요. 그런데 꼼짝도 하지 않는 거예요.

"방망이로 깨트려 볼까?"

뚜기 제안에 재우는 방망이로 바위를 힘껏 내리쳤어요.

꽝!

길을 막고 있던 바위가 순식간에 깨지더니 사라져 버렸어요.

"그것 봐, 내 말을 들으니 문제가 척척 해결되지?"

뚜기가 더듬이를 으쓱으쓱 움직였어요.

둘은 천천히 앞으로 나아갔어요.

이번에는 수북이 쌓인 돌덩이들이 길을 가로막았어요. 재우는 이번에도 도깨비방망이를 크게 휘둘렀어요. 돌덩이들이 와자작 부서지더니 또 사라져 버렸지요. 재우와 뚜기는 콧노래를 부르며 앞으로 나아갔어요.

이번엔 돌멩이와 자갈돌 무더기가 나타나 길을 막았어요.

뚜기가 큰 목소리로 "도깨비방망이로 뚝딱!" 하고 외쳤어요.

"어? 방망이가 없어졌어."

재우 손에 들려 있던 방망이가 감쪽같이 없어졌어요. 대신 손에 카드(스페이드 무늬, 숫자 3)가 쥐여 있었지요. 카드에서는 익숙한 동요 음이 게임 음악으로 계속 나왔어요. 카드 뒷면에는 "열려라 OO 알!"이라는 문구가 있고요.

"열려라 참깨알?"

뚜기는 '알리바바와 40인의 도둑들' 이야기를 아는 듯 외쳤어요. 재우는 꿈쩍도 하지 않는 돌멩이, 자갈돌을 보고 고개를 저었어요. 그러다가 재우는 손으로 무언가를 가리켰어요.

"중요한 힌트! 중요한 힌트가 뭐였지?"

"카드 뒷면 그리고 게임 음악?"

"그래, 게임 음악! 음악을 잘 들어 봐."

재우가 답답한 듯 뚜기를 다그쳤어요.

"가만가만 이 노래는… 설마?"

"그래, 휘소가 부른 그 동요!"

"아하, 이제 알 것 같다."

뚜기는 신이 나서 더듬이를
요리조리 움직이며 말했어요.

"이번 정답은 뚜기 네게 맡길게."

모래알 깨트려 분자를
분자를 깨트려 원자를
원자를 깨트려 원자핵
원자핵 깨트려 양성자
랄라 랄라라 랄랄라
랄라 랄라라 랄랄라
양성자 깨트려 쿼크 알
…

뚜기는 손을 입에다 모으고 **"열려라 모래알!"** 이라고 크게 외쳤어요.

그러자 돌멩이, 자갈돌이 모래알로 부서지면서 게임 화면이 번쩍 요동쳤어요. 재우와 뚜기는 놀란 나머지 눈을 질끈 감았지요.

20세기 최고 물리학자의 방

"꺅, 거의 사람이 다 됐어!"

뚜기는 새로 생겨난 팔을 어루만지며 감격했어요. 게임 안팎으로 왔다 갔다 한 재우는 눈앞이 어지러워 머리를 세차게 흔들었어요. 그러자 주위가 눈에 들어왔어요.

'휘소의 새로운 연구실인가?'

책이 빼곡하게 들어찬 책장들과 자료가 수북하게 쌓인 책상이 보여요. 재우는 책상 위 글자들을 살펴봤어요. 온통 과학과 관련된 거예요. 재우는 가슴이 쿵쾅쿵쾅 뛰었어요. 미래 과학자 김재우 꿈에 한 발짝 다가간 듯했어요.

뚜기는 책상 위로 걸터앉으며 외쳤어요.

"이제 머리만 변하면 난 완벽한 사람이 된다!"

"그건 아닌 것 같은데…."

"뭐가 아냐?"

뚜기가 바락 성질을 냈어요. 재우는 손바닥을 내보이며 시큰둥하게 되물었어요.

"이만한 사람 봤어?"

뚜기는 금세 풀이 죽어 고개를 숙였죠.

"어, 시계가 깜박거리는데?"

재우는 시계를 가까이 들여다봤어요. 뚜기의 더듬이가 사방으로 움직이기 시작했지요.

"미션이 시작됐다는 뜻인가?"

그때였어요. 시계가 빛을 쏟아내면서 공중에 홀로그램을 띄웠어요. 홀로그램은 초상화 한 장을 보여 주더니 눈 깜짝할 사이에 퍼즐 조각이 되어 공중으로 흩어졌어요.

그러더니 툭! 카드 하나가 바닥에 떨어졌어요.

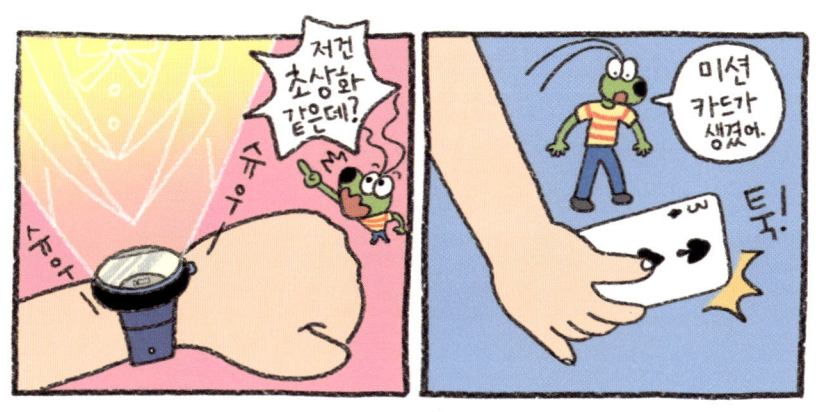

재우는 재빨리 카드를 집어 들었어요. 아까 게임 속에서 보았던 스페이드 무늬, 숫자 3 카드였어요.

탈출 미션
퍼즐 속 인물 이름을 외쳐라!

⭐ **중요한 힌트**
새롭게 등장하는
인물에 주목!

'삣! 삐삐삐삐—!'

손목시계가 또다시 탈출 경고를 울렸어요.

화면이 반짝반짝하더니 탈출 자막이 흐르기 시작했어요. 연구실 벽에는 퍼즐 판도 생겨났어요. 눈, 코, 입, 턱…. 누군가의 얼굴을 맞추는 퍼즐 판이었어요. 재우는 어지러운 퍼즐 조각들을 뚫어져라 쳐다보며 생각했어요.

'아까 본 초상화, 이휘소는 절대 아니었어!'

 1961년, 휘소는 펜실베이니아대학교 전임 강사가 됐어요.

박사가 되기까지 많은 도움을 줬던 클라인 교수가 어느 날 믿기 어려운 소식을 전해 주었어요. 휘소가 프린스턴 고등연구소의 연구원 자격으로 방문 연구를 할 수 있다는 거예요.

"숲속의 강제 수용소에 간다고?"

프린스턴 고등연구소는 '숲속의 강제 수용소'라고 불리는 곳이었어요. 숲속 연구실에 갇혀 연구에만 몰두해야 하니까요. 하지만 휘소는 그곳에 갈 수 있어서 행복했어요. 아인슈타인이 세상을 떠날 때까지 몸담은 연구소라 그런지 휘소는 남다른 기대감과 자부심을 가졌지요.

하루는 연구소에서 점심을 먹고 산책을 하고 있을 때였어요.

"저기 팬티가 썩은 사람이다!"

한 무리의 연구원들이 휘소를 가리켰어요. 휘소는 화들짝 놀라 바지춤을 살폈어요. 혹시 팬티가 보이나 싶어서요.

"매일 자네가 연구실에만 있어서 붙여진 별명이라네."

"팬티가 썩은 사람?"

휘소는 그제야 자기에게 별명이 있다는 걸 알아차렸어요. 휘소는 그 별명이 자랑스러웠어요. 학문을 연구하는 사람으로서 부끄러운 별명은 아니니까요.

휘소에게도 사랑이 찾아왔어요.

휘소는 기쁜 마음으로 어머니에게 편지를 썼어요. 그리고 1962년 5월 7일, 휘소와 심만청은 조촐한 결혼식을 올렸지요.

결혼하고 얼마 후, 휘소에게 반가운 소식이 들려왔어요.

1962년 6월, 이탈리아에서 개최하는 '국제 고에너지 물리학 회의' 대표단으로 뽑힌 거예요. 회의에 참가하는 10여 명의 사람들은 죄다 노벨상을 받을 만한 정도로 뛰어난 과학자들이었어요. '국제 고에너지 물리학 회의'를 다녀온 뒤 휘소는 뭔가 달라졌어요.

물리학 연구는 이론과 실험 분야로 나뉘어요. 휘소는 이론 연구와 중학교 때부터 다진 실험 실력을 접목해 두 분야에서 연구 활동을 활발하게 이어 나갔어요. 이론 물리학자들 사이에서 실험 얘기가 나오면 으레 휘소를 찾을 정도였지요. '유명한 실험 물리학자'는 휘소의 또 다른 별명이 되어 버렸답니다.

1963년, 휘소는 28살 이른 나이에 펜실베이니아대학교의 정교수가 되었어요. 28살 나이로 정교수가 된다는 건 미국뿐 아니라 전 세계에서 매우 드문 일이었어요.

게다가 펜실베이니아대학교에서 교수로 있던 1960년부터 1966년까지, 휘소는 거의 매달 저명한 국제 학술지에 새로운 글을 발표했어요. 휘소와 토론을 하고 싶은 학자들도 점점 늘어났지요.

휘소의 연구도 눈에 띄게 결실을 맺기 시작했어요.

휘소가 연구한 '게이지 이론'에 영향을 받은 와인버그라는 과학자가 1967년 〈경입자 모형〉이라는 논문을 발표했는데 세계적으로 주목을 받았어요. 과학자들 사이에서 '와인버그 모형'이라고 불릴 정도였지요.

1974년 영국 런던에서 고에너지 물리학 국제회의가 열릴 때의 일이에요. 휘소는 이 회의에서 강연하기로 되어 있었어요. 그런데 전날 밤 압두스 살람이라는 파키스탄 물리학자가 휘소를 찾아왔어요.

살람은 자신도 와인버그와 같은 연구를 해 왔다는 이야기를 했어요. 휘소는 살람의 연구를 귀담아들었어요.

다음 날 강연 때 과학자들이 술렁이기 시작했어요.

"'와인버그-살람 모형?"

"뭐야? '와인버그 모형' 아니었어?"

하루아침에 강연의 주제가 바뀌어 버린 거예요.

휘소는 과학자들에게 살람의 연구도 인정해야 한다는 강연을 펼쳤어요. 휘소의 발표 '와인버그-살람 모형'이라는 과학 이론이 새롭게 탄생되었지요.

그로부터 5년 후 살람은 와인버그와 함께 1979년에 노벨 물리학상을 받았어요. 살람의 수상 소감은 아직도 많은 사람들 입에 오르내리고 있어요.

"이휘소는 현대 물리학을 10년 앞당긴 천재입니다. 이휘소가 있어야 할 자리에 내가 있는 것이 부끄럽군요."

살람, 와인버그뿐만이 아니었어요. 1999년에는 엇호프트와 펠트만, 2004년에는 그로스와 윌첵 그리고 폴리처가 휘소의 연구 덕분에 노벨 물리학상을 받게 되었어요.

사람들은 휘소를 가리켜 "노벨상 수상자를 만드는 사람!"이라고 칭송했어요.

 "와, 이휘소도 금방 노벨상을 받겠어!"
재우는 펄쩍 뛰며 좋아했어요.
"재우, 너! 미션 생각을 하란 말이야."
뚜기가 발을 동동 구르며 사람처럼 역정을 냈어요. 머리가 조금 우스꽝스럽지만 제법 사람처럼 보이긴 했어요.

재우는 탈출 문 쪽을 흘끗 봤어요.
'퍼즐 주인공은 누굴까?'
재우는 공중에 떠 있는 퍼즐 조각에 다가갔어요. 어지러운 홀로그램 조각을 보다가 재우는 뚜기에게 물었어요.
"뚜기, 이번 방에서 새로 등장한 사람들이 많았잖아. 모두 기억나?"
뚜기는 더듬이를 까닥이며 달달 외듯 대답했어요.
"와인버그, 살람, 엇호프트와 펠트만, 그로스와 윌첵 그리고 폴리처! 나 엄청 잘 기억하지? 아, 부인 심만청도 있었어. 그런데 초상화에 수염이 있었는데…"

재우는 골똘히 생각한 끝에 고개를 저었어요.

"혹시…."

그때 뚜기가 눈을 번쩍 떴어요. 더듬이도 요란하게 떨기 시작했어요.

"뚜기, 너 왜 그래? 응?"

재우는 더듬이를 빠르게 움직이는 뚜기를 붙잡았어요. 뚜기는 눈알을 데굴데굴 굴리며 대답했어요.

"이번 문제… 진짜 어려운 거 같아."

"맞아, 난이도가 너무 높아. 강력한 힌트가 필요해."

"우리… 조커 카드를 쓸까?"

"맞다! 조커 카드!"

> 주의! 한 번만 사용할 수 있음!
> 1. 먼저 시계에 조커 카드를 대야 함
> 2. 방과 연결되면 그곳에서 조커 그림이 그려진 사물을 찾을 것
> 3. 두 개의 조커 그림이 만나면 강력한 힌트 발생!

재우는 주머니에서 조커 카드를 꺼냈어요. 그리고 카드 뒤 내용을 차근차근 읽었어요.

"그런데 여기에 써도 괜찮겠어?"

"그럼, 당연하지! 네가 준 거잖아."

재우는 조커 카드를 시계에 댔어요. 그러자 초상화 홀로그램을 처음 봤던 휘소의 연구실이 나타났어요.

둘은 숨은 그림을 찾듯, 연구실을 둘러봤어요. 그리고 마침내 신

문 한쪽 면에서 조커 카드와 똑같은 그림을 발견했어요.

떨리는 마음으로 신문지 위에 카드를 놓자 갑자기 그림 하나가 나타났어요.

"힌트다!"

"내가 하나하나 가리킬 테니까, 퍼즐 조각을 판에 붙여 봐. 시간이 없으니 빨리 서두르자!"

뚜기는 폴짝폴짝 뛰어서 책장 위로 올라갔어요. 더듬이가 또 요란하게 흔들렸어요. 뚜기는 코 모양의 조각 그림을 콕 짚었어요.

"코를 중심에 놓고, 퍼즐 조각을 하나씩 맞춰 보자."

"으, 응… 알았어."

재우는 뚜기가 시키는 대로 떠다니는 조각 그림들을 하나씩 탈출 문 퍼즐 판에 붙였어요.

"휴우!"

재우는 이마에 맺힌 땀방울을 훔쳤어요. 드디어 마지막 그림 조

각 한 장까지 빈 아귀를 찾아갔어요.

"그런데 우리 미션이 뭐였지? 퍼즐만 맞추면 끝난 건가?"

"아니, 미션은 이거잖아."

뚜기가 어깨를 으쓱거리며 탈출 미션을 알려 줬어요.

재우는 몇 발짝 물러서서 맞춘 그림을 봤어요.

"제대로 한 것 같은데…."

너무 가까운 나머지 얼굴이 뚜렷하게 보이지 않았어요. 재우는 신문지 초상화와 퍼즐 판을 비교하며 하나씩 차례대로 맞춰 보았어요.

"누군지 알겠어?"

뚜기가 다그치듯 물었어요.

"뭔가 생각이 날 듯 말 듯….."

재우는 이마에 손을 댄 채 눈썹을 찡그렸어요. 휘소가 무언가를 골똘히 생각할 때의 모습과 같았지요.

"생각났어!"

재우는 이마를 찰싹 치며 소리쳤어요.

"누구야?"

"이번 방에서 나온 과학자들! 그들과 연결된 상!"

"뭐? 상? 노벨… 물리학상?"

"그래! 바로 그 노벨이야!"

그때였어요.

퍼즐 속 노벨 얼굴이 재우와 뚜기에게 와락 달려들었어요. 둘은 소스라치게 놀라 눈을 질끈 감고 비명을 질렀어요.

"으아아아!"

5장
과학자 이휘소의 방

쿵!

바닥에 재우가 나뒹굴었어요. 헝클어진 옷깃을 여민 재우는 주위를 둘러보았어요. 이번에는 아담하고 훈훈한 거실 안이었어요. 푹 꺼진 안락의자에 앉은 휘소가 보여요. 휘소는 신문을 펼쳐 읽고 있었어요.

"뚜기는 어디로 간 거지?"

재우는 구석진 곳을 샅샅이 뒤졌어요. 조그만 뚜기가 돌멩이처럼 어디론가 굴러갈 수도 있었으니까요. 하지만 뚜기는 좀처럼 보이지 않았어요.

그때였어요. 쿵 소리와 함께 한 아이가 바닥에 떨어졌어요. 재우는 화들짝 놀라 뒤로 물러났어요.

"으으… 머리 아파!"

눈빛이 익숙한 아이가 머리를 쿡쿡 누르며 일어섰어요. 어디서 본 듯한 모습이었어요. 재우는 그 애를 구석구석 살피며 물었어요.

"넌… 누구?"

"장난하지 마, 나야."

"뚜… 뚜기?"

"그래."

"너 정말 사람이 된 거야?"

재우는 자기만큼 커진 뚜기가 신기했어요. 그제야 뚜기도 자기가 진짜 사람으로 변했다는 것을 알고 기뻐했어요. 눈물까지 찔끔찔끔 흘리면서요.

1974년, 휘소는 서울대학교를 평가하는 평가 위원으로서 20여 년 만에 한국 땅을 다시 밟게 됐어요.

비행기 안에는 아내와 아들, 딸도 함께 있었어요. 전쟁의 상처를 딛고 일어선 한국의 모습이 무척 궁금하고 기대됐어요.

아들 제프리가 휘소에게 물었어요.

"한국에 가면 아빠의 '꿈꾸는 실험실'을 볼 수 있어요?"

"꿈꾸는? 하하… 안타깝지만 전쟁 때 다 불타 버렸단다."

"아, 아쉽다."

휘소는 모처럼 어린 날 책과 실험에 빠져 살던 때가 선명하게 떠올랐어요. 제프리 말처럼 꿈을 꾸고 키워 가는 실험실이 분명했죠. 그 꿈을 안고 미국을 향해 날아가던 지난날의 기억이 머릿속에서 다시금 또렷하게 살아났어요.

서울대학교 일은 꼬박 한 달간 이어졌어요. 물리학자들과의 만남도 가졌고 강연도 펼쳤어요. 한국의 과학자들은 휘소를 만날 때마다 깜짝깜짝 놀랐어요. 계속 풀리지 않았던 문제들이 이휘소 앞에서는 뚝딱뚝딱 해결되었기 때문이에요.

"입자 물리학 실험을 하는 김종오입니다."

김종오는 시카고대학교에서 박사 학위를 받고 고려대학교에서 물리학을 연구하는 과학자였어요.

"이 연구를 계속해야 할지 말지 고민이 됩니다."

"무슨 연구를 하고 있습니까?"

"입자의 지나간 흔적을 기록하는 핵 건판 연구입니다."

"아, 그렇습니까? 그 연구는 끝까지 밀어붙이면 반드시 희망이 보일 것입니다."

휘소는 반가운 표정으로 김종오의 손을 잡아 줬어요. 그러고는 '참 입자 탐색' 연구를 하고 난 뒤 '참 쿼크'가 발견되었던 경험을 얘기해 줬어요.

휘소가 김종오에게 건넨 예언은 적중했어요.

그해 페르미 연구소에서 '핵 건판을 이용한 참 입자 탐색'이라는 국제 공동 연구가 시작된 거예요. 김종오는 한국의 연구팀을 이끌고 참여하게 됐어요. 페르미 연구소 앞에 참여국 국기가 걸렸는데, 태극기가 힘차게 휘날렸답니다.

페르미 국립 가속기 연구소

한국 과학자들에게 희망을 심어 준 휘소는 종종 하늘을 쳐다보곤 했어요. 휘소의 관심이 '우주'로 옮겨 간 탓이었어요. 쿼크처럼 작은 입자들이 모여서 이루어진 우주는 휘소에게 비밀로 가득 찬 신비한 세계로 다가왔어요.

"벤저민 리, 우리 함께 우주를 연구해 보지 않겠소?"
어느 날 와인버그가 먼저 손을 내밀었어요. 와인버그는 어느 누구와도 공동 연구를 하지 않기로 소문이 난 과학자예요. 성격이 까탈스럽기보다는 자신 외에는 믿을 만한 과학자를 보지 못한 탓이었어요.
"같이 연구해 봅시다!"
"하하하, 저도 요즘 우주에 푹 빠져 있는데 잘됐습니다."
휘소는 흔쾌히 수락했어요.
그 뒤, 두 과학자의 공동 연구는 큰 이슈가 되었어요. 특히 우주의 암흑 물질 문제를 입자 물리학으로 풀어낸 논문은 이론 물리학을 공부하는 이들에게 새로운 길을 안내하는 나침반이 되었어요.
프로젝트를 마치고 나서 와인버그는 흡족한 얼굴로 휘소의 손을 맞잡았어요.
"존경합니다, 벤저민 리!"
"저도 당신을 존경합니다."
와인버그를 바라보는 휘소의 얼굴에도 감사와 존경이 잔뜩 묻어났어요.

"얘들아, 빨리빨리 준비하렴!"

아내 심만청의 목소리가 시계 알람처럼 울렸어요. 학회와 페르미 연구소의 자문위원회가 끝나고 곧장 여름휴가를 떠나기로 되어 있었거든요. 휘소의 자동차는 고속도로를 급히 달렸어요. 한참 동안 쉬지 않고 내달렸어요.

"아빠, 배고파요."

"여보, 휴게소에 잠깐 들렀다 가요."

"다음 휴게소에 들를 거니까 조금만 참으렴."

오후 1시가 넘어설 때였어요.

반대편 차선에서 귀를 찢을 듯한 소리가 났어요. 그러더니 커다란 화물차가 휘청이면서 휘소가 모는 자동차로 가로질러 왔어요.

쿵!

화물차를 피할 틈도 없는 눈 깜짝할 사이였어요. 아내와 아이들의 비명이 메아리처럼 아득하게 멀어져 갔어요. 휘소의 눈에 희미하게 켜져 있던 빛도 가물가물 꺼져 갔어요.

1977년 6월 16일 오후 1시 22분,

휘소는 42세의 젊은 나이에 세상을 떠나고 말았어요.

한 편의 영화가 끝난 것 같았어요. 주인공이 죽음을 맞이했으니까요. 재우는 물먹은 스펀지처럼 축 처졌어요.

"흑, 어떡하면 좋아…"

눈물이 주룩 흘러내렸어요.

'삣! 삐삐삐삐…'

손목시계가 힘없이 울어 댔어요.

탈출 미션
마지막 카드를 완성하라!

⭐ **중요한 힌트**
지금까지 나온 카드를 주목!
그리고 criket!

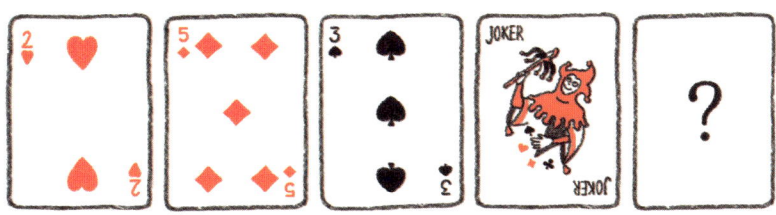

거의 남지 않은 충전 게이지가 깜박깜박. 그마저 희미해져서 순식간에 꺼져 버릴 것만 같았어요.

"하트 2, 다이아몬드 5, 스페이드 3 그리고 조커? 마지막 카드는…."

"미안… 나 잠시 다녀올게!"

재우는 굳은 표정으로 대답했어요.

"무슨 뚱딴지같은 소릴 하고 있는 거야? 지금 나가지 않으면 우린 위험해진다고."

"넌 그럼 아무렇지도 않다는 거야?"

재우가 바락 소리를 지르며 뚜기의 손을 뿌리쳤어요.

뚜기는 재우를 한참 바라보았어요. 무거운 침묵이 둘 사이를 감돌았어요. 뚜기는 무언가 결심한 듯 몸을 돌려 다른 길로 향했어요. 표정이 무척 시무룩했지요.

1977년 6월 21일, 영결식이 진행되었어요.

페르미 연구소에도 조기가 걸렸어요. 조기는 국가적으로 커다란 슬픈 일이 일어날 때 걸곤 해요. 휘소의 죽음이 그만큼 충격적이었단 뜻이었어요.

영결식장에는 200여 명이 모여 있었어요. 아내 심만청은 사람들 앞에서 추모의 글을 읽었어요.

"이휘소 박사는 최근 우주를 연구하는 데 힘써 왔습니다. 그런 남편이 이제 우주로 돌아갔습니다. 어쩌면 아무도 없는 우주에서 마음껏 물리학 연구를 하려고…."

"흑… 흐, 흑…."

아들 제프리는 여동생 아이린의 손을 꽉 잡고 낮게 흐느꼈어요. 뒤를 이어 많은 사람들이 이휘소를 기리며 슬픈 마음을 나눴어요.

재우는 휘소를 처음 만났던 순간을 떠올렸어요.

책에 푹 빠져 사는 휘소가, 과학에 빠져 사는 휘소가 재우 자신이라고 여겼었어요. 휘소가 하나씩 결실을 맺어 갈 때도 재우는 마치 자기가 꿈을 이룬 것처럼 기뻐했었어요.

'나도 꽃 한 송이 바치고 싶어!'

재우는 국화 한 송이를 집어 들었어요. 거짓말처럼 국화가 손에 들렸어요. 재우는 반쯤 열린 관 속의 휘소를 내려다봤어요. 무척 평온해 보였어요. 죽어서도 골똘히 뭔가를 생각하는 듯 찡그린 이맛살은 그대로였어요.

"제 과학자의 꿈을 다져 주셔서 감사합니다!"

재우는 휘소의 가슴 위에 국화를 정성껏 놓아 드렸어요.

재우는 영결식장을 나와 뚜기와 헤어졌던 곳으로 다시 갔어요.

'삐…삐, 삐삐…삐…'

금방이라도 꺼질 듯한 작은 소리로 시계 알람이 울렸어요. 충전 게이지는 거의 보이지 않을 만큼 희미했지요.

'아… 어떡하지?'

사실 재우는 마지막 카드 무늬가 '클로버'라는 걸 알고 있었어요. 하지만 숫자는 도무지 떠오르지 않았지요. 생각하면 할수록 머릿속은 오징어 먹물처럼 까매졌어요.

그때 한쪽에서 뚜기가 불쑥 나타났어요.

"박사님 영결식에 함께 가지 못해 미안해."
"…."
"빨리 인간이 되고 싶어서 욕심이… 앞섰어."
"…."

"너 없는 동안 내가 힌트의 의미를 알아냈어. 함께 풀고 나가자! 남은 카드 모양이 클로버인 건 너도 알지? 핵심은 cricket이야. 내가 찾아보니까 cricket이 '귀뚜라미'라는 뜻 말고 '크리켓'이라는 스포츠도 있더라."

"스포츠?"

"한 팀의 팀원이 11명이래. 재우 너라면 금방 알아차릴 수 있을 텐데. 나 혼자 당당히 나갈 수도 있었지만, 너랑 같이 풀려고 이렇게 기다렸다고."

"고마워. 그리고… 네 사과는 받아 줄게."

"정말? 그럼 이제 정답을 말해 볼까? 재우, 할 수 있지?"

"응! 정답은….'

재우가 마지막 카드를 완성하자 바람에 떨어지는 낙엽처럼 천장에서 황금색 카드 한 장이 떨어졌어요. 뚜기는 부리나케 황금색 카드를 챙긴 후 재우 손을 꽉 잡았어요.

팟! 슈우르릉!

무지개 색깔의 요란한 빛이 둘을 휩싸고 돌았어요. 피어오르는 연기와 함께 재우와 뚜기는 삽시간에 사라져 버렸지요.

이휘소에게 영향 받은 과학자가 이렇게나 많다고?

노벨상은 스웨덴의 과학자이자 발명가인 노벨(1833~1896)의 유언에 따라 만들어진 상이에요. 1901년부터 세계 평화와 행복을 위해 애쓴 사람이나 단체에게 상을 주고 있어요. 처음에는 물리학, 화학, 생리학·의학, 문학, 평화 5개 부문만 다루다가 1969년부터는 경제학까지 총 6개 부문에 대해 시상을 해요.

이휘소가 일찍 세상을 뜨지만 않았다면 노벨 물리학상을 틀림없이 받았을 거라고 말하는 사람들이 많아요. 이휘소가 쓴 논문, 강의는 이휘소와 같은 시대에 활동했던 과학자뿐 아니라 후배들에게도 큰 영향을 주었거든요.

세계 과학자들이 극찬한 이휘소 박사

"내 밑에 아인슈타인도 있었고 이휘소도 있었지만 아인슈타인보다 이휘소가 더 뛰어났다."
— 오펜하이머(전 미국 프린스턴 고등연구소 소장)

"이휘소는 현대 물리학을 10여 년 앞당긴 천재다. 그가 있어야 할 자리에 내가 있는 것이 부끄럽다. 1분간 그를 생각하는 묵념의 시간을 갖기를 제안한다."

— 압두스 살람(1979년 노벨 물리학상 수상자)

"이휘소에게는 1960년대 중반에 이미 노벨상을 주어야 했다."

— 양전닝(1957년 노벨 물리학상 수상자)

"내가 노벨상을 받은 것은 벤저민 리의 공이었다."

—스티븐 와인버그(1979년 노벨 물리학상 수상자)

"새로운 이론적 요소, 실험 결과들…. 벤저민 리는 그 중심에 있었다."

— 헤라르뒤스 엇호프트(1999년 노벨 물리학상 수상자)

"이휘소 박사는 세계 물리학계의 슈퍼스타였다. 한국 사람 중에서 그런 사람은 물리, 화학, 생물을 다 합쳐서 앞으로 몇십 년간, 몇백 년간 안 나올 것이다."

— 김진의(서울대학교 입자물리학 명예교수)

"1977년 6월에 있었던 그의 비극적인 사망은 전 세계 과학계에 타격을 입혔다."

— 로버트 슈락(미국 스토니브룩대학교 물리학과 교수)

영어 이름을 '벤저민 리'로 지은 이유는…

이휘소는 어렸을 적에 '벤저민 프랭클린'의 자서전을 감명 깊게 읽었다고 해요. 18년에 걸쳐 완성됐다는 프랭클린 자서전은 이휘소에게 과학자로서 나아가야 할 길을 보여 줬어요.

벤저민 프랭클린은 미국의 가난한 집에서 태어났어요. 양초와 비누를 만들어 파는 아버지의 일을 도우며 자랐지요. 어려운 환경에서도 벤저민 프랭클린은 꿈을 포기하지 않았어요. 인쇄소 견습공을 거쳐 신문사를 차려 크게 성공했고요. 사회를 위한 여러 공공시설을 지었어요. 휘소가 다녔던 펜실베이니아대학교를 설립하기도 했지요. 나아가 정치, 외교까지 다양한 분야에서 훌륭한 업적을 남겼어요.

프랭클린은 과학자이자 발명가이기도 했어요. 열효율이 높은 난로, 사다리 의자, 다초점 안경 등을 발명했지요. 특히 번개가 전기라는 추측을 실험을 통해 밝혀냈다는 프랭클린의 일화는 매우 유명해요. 피뢰침을 발명한 계기가 되었거든요.

이휘소는 가난에 굴하지 않고 도전과 성실함으로 꿈을 이룬, 벤저민 프랭클린을 무척 닮고 싶어 했어요. 자신의 영어 이름을 '벤저민 리'라고 지을 정도로 말이죠.

프린스턴 고등연구소가 궁금해!

프린스턴 고등연구소는 미국 뉴저지주 프린스턴시에 있는 순수학문 연구소랍니다. 아인슈타인이 나치 독일을 피해 미국으로 망명한 후부터 세상을 뜰 때까지 몸 담고 있었던 연구소로 아주 유명해요.

미국 경제 대공황이 일어나기 몇 주 전, 뱀버거 남매는 경영하던 백화점을 팔았어요. 예상치 못한 엄청난 이익이 생기자 뱀버거 가문은 순수과학 연구를 지원하는 데 큰돈을 기부했어요. 1930년 봄에 설립된 이 연구소에는 세계 각국에서 선발된 소수의 학자들이 물리학, 수학, 사회과학, 역사, 생물학까지 자기가 원하는 주제를 마음껏 연구할 수 있다고 해요. 특히 프린스턴 고등연구소 '방문자 프로그램'은 세계적으로 매우 유명해요. 전 세계에서 박사 학위를 끝낸 젊고 유망한 학자들이 연구에 몰입할 수 있도록 모든 환경을 마련해 주는 프로그램이에요. 연구를 하는 동안 간섭도 없고요. 연구비를 얻기 위해 일을 하지 않아도 돼요. 일정 기간 동안 오로지 자신이 좋아하는 분야를 즐겁게 공부하면 된답니다.

페르미 국립 가속기 연구소

이휘소가 마지막으로 열정을 불태운 곳은 '페르미 국립 가속기 연구소'였어요. 그는 이곳에서 이론 물리학 부장을 맡았죠.

페르미 국립 가속기 연구소는 원래 '국립 가속기 연구소'라고 불렸어요. 그러다 1974년 핵 연쇄 반응을 처음으로 성공시킨 이탈리아 출신의 물리학자 페르미(1901~1954)를 기억하기 위해 이름을 '페르미 국립 가속기 연구소'로 바꾸었어요.

페르미 국립 가속기 연구소에서 하는 일은 아주 중요해요. 영하 268℃의 상태에서 초전도체 자석을 이용해 소립자를 엄청나게 높은 에너지로 가속시키는 연구를 하는데, 이때 가속기 속도는 거의 빛의 속도에 가까워진다고 해요. 빛의 속도만큼 빠르지 않으면 쿼크나 중성자 같은 소립자를 발견할 수 없기 때문에 연구가 가능하도록 국가적으로 큰 규모의 연구소를 만들었다고 해요.

페르미 국립 가속기 연구소

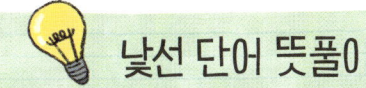 **낯선 단어 뜻풀이**

1장 꿈꾸는 책의 방

- **21 세포** : 생물체를 이루는 기본 단위를 말해요.
- **23 정량분석** : 시료를 구성하고 있는 어떤 성분의 양을 구하는 분석법으로 부피 분석, 무게 분석, 전기 화학 분석, 분광 분석 등이 있어요.
- **23 정성분석** : 시료의 성분이 무엇인지 검출하여 알아내고, 이를 확인하는 화학 분석을 말해요.
- **24 색소** : 물체의 색깔이 나타나도록 해 주는 성분이에요.
- **25 산화** : 어떤 원자, 분자, 이온 따위가 전자를 잃는 일을 '산화'라고 해요.

2장 움직이는 역사의 방

- **40 화학** : 자연 과학의 한 분야예요. 물질이 만들어지는 과정과 구조, 성질과 변화, 만드는 방법 등을 연구해요.
- **40 화학공학** : 화학 공업에서 진행되는 여러 과정을 합리적이고 경제적으로 진행하기 위하여 화학 장치의 구조와 기능을 연구하고 장치 안의 반응을 연구하는 학문이에요.
- **42 양자역학** : 물질을 구성하는 미세한 크기의 물체를 '입자'라고 하는데, 입자 및 입자 집단을 다루는 현대 물리학의 기초 이론이에요.
- **42 물리학** : 물질의 물리적 성질과 그것이 나타내는 모든 현상, 그리고 그들 사이의 관계나 법칙을 연구하는 학문이에요. 자연 과학의 한 분야로 물리학을 연구하는 사람을 '물리학자'라고 해요.

3장 반짝반짝 물리학 방

57 **미적분학** : 수학에서 미분학과 적분학을 함께 이르는 말이에요.

57 **이론** : 사물의 이치나 지식에 대한 내용, 이유를 밝히기 위해 논리적으로 짜임새 있게 세운 명제(일반화한 언어 또는 기호로 표시한 것으로 참과 거짓을 판단할 수 있음) 체계를 의미해요.

58 **대수학** : 숫자를 대표하는 일반적인 문자를 사용해 수의 관계, 성질, 계산 법칙 등을 연구하는 학문이에요.

59 **아인슈타인(Einstein, Albert)** : 독일 태생의 미국 이론 물리학자(1879~1955). '특수 상대성 원리' '일반 상대성 원리' '광양자 가설' '통일장 이론' 등을 발표하고 1921년에 노벨 물리학상을 받았어요.

59 **페르미(Fermi, Enrico)** : 이탈리아 태생의 미국 원자 물리학자(1901~1954). 전자에 관한 새로운 통계법을 창안하고, 세계 최초로 원자로를 건설하고 원자 폭탄 제조에 참가하였어요. 1938년에 노벨 물리학상을 받았어요.

59 **오펜하이머(Oppenheimer, Robert)** : 미국의 이론 물리학자(1904~1967). 중간자론, 우주선 샤워 기구 및 중성자별 등을 연구했어요. 미국 원자 폭탄 제조의 총지휘자였으나, 뒤에 수소 폭탄 개발에 반대하여 공직에서 쫓겨났어요.

64 **노벨(Nobel, Alfred Bernhard)** : 스웨덴의 공업 기술자, 화학자(1833~1896). 다이너마이트, 무연 화약 따위를 발명하였고 노벨상을 창설했어요.

65 **박사** : 대학원의 박사 과정을 마치고 규정된 절차를 밟은 사람에게 수여하는 학위 또는 그 학위를 딴 사람을 말해요. 대학원의 박사 과정을 수료하고 대학원 위원회가 실시하는 외국어 시험과 종합 시험에 합격한 다음, 박사 학위 논문 심사를 통과해야 학위를 받을 수 있어요.

66 **학술지** : 학술(학문과 기술)·예술 분야에 관한 전문적인 글을 싣는 잡지예요.

66 **논문** : 어떤 문제에 대한 학술적인 연구 결과를 체계적으로 적은 글을 말해요.

67 **참(charm) 입자** : 네 번째로 발견된 기본입자 쿼크로서, 기호 c로 나타내요.

4장 20세기 최고 물리학자의 방

76 **홀로그램** : 레이저 빛으로 만든 3차원 영상으로 된 입체 사진을 말해요. 홀로그래피 원리를 이용해 만들어요.

77 **수용소** : 많은 사람을 집단적으로 한곳에 가두거나 모아 넣는 곳이에요.

79 **게이지 이론(gauge theory)** : 소립자 물리학에서 가장 기본적인 이론이에요. 수학으로 먼저 완성한 후 물리에 대응하는 방식으로 이론을 다루어요.

80 **경입자** : 비교적 질량이 작은 소립자로 전자, 뮤온, 타우 입자와 이들과 관련된 소립자를 통틀어 말해요.

80 **모형** : 모양이 같은 물건을 만들기 위한 틀이에요.

81 **엇호프트, 펠트만** : 네덜란드 물리학자예요. 양자 전자기학 분야에 공헌을 인정받아 스승과 제자가 함께 1999년 노벨 물리학상을 수상했어요.

81 **그로스, 윌첵, 폴리처** : 미국 물리학을 대표하는 학자들이에요. 원자핵의 강력 이론에서 쿼크들의 자유성을 발견한 공로로 2004년 노벨 물리학상 공동 수상을 했어요.

5장 과학자 이휘소의 방

93 **입자** : 물질을 구성하는 미세한 크기의 물체, 소립자, 원자 등을 말해요.

93 **쿼크(quark)** : 양성자, 중성자와 같은 소립자를 구성하고 있다고 생각되는 기본적인 입자를 말해요.

93 **핵** : 원자의 중심부를 이루는 입자예요.

95 **학회** : 학문을 깊이 있게 연구하고 더욱 발전시키기 위해 공부하는 사람들이 만든 모임이에요.

95 **자문** : 어떤 일을 좀 더 효율적으로 바르게 처리하려고 그 방면의 전문가나, 전문가들로 이루어진 기수에 의견을 묻는 걸 말해요.

이휘소 일대기

1935년 1월 1일 서울 용산구 원효로 출생

1941년 경성사범 부속초 입학

1947년 경기중 입학

1952년 서울대 화학공학과 입학

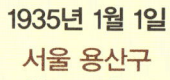

1960년 펜실베이니아대학원 물리학 박사

1956년 피츠버그대학원 입학

1955년 미국 마이애미대학교 편입

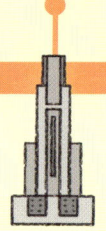

1961년 프린스턴 고등연구소 연구원

1962년 심만청과 결혼

1973년 페르미 국립 가속기 이론 물리학 부장

1977년 6월 16일 미국 케와니 부근에서 교통사고로 별세

학자로서 이휘소 이력

- 1956 마이애미대학교 졸업, 물리학 학사
- 1958 피츠버그대학교 졸업, 물리학 석사
- 1960 펜실베이니아대학교 졸업, 물리학 박사
- 1961~1962 프린스턴 고등연구소 자연과학부 연구원(한국인 최초)
- 1960~1966 펜실베이니아대학교 연구원(63년 부교수 승진, 65년 정교수 승진)
- 1966 스토니브룩대학교 방문 교수 초청
- 1966 양전닝 이론 물리학 연구소 정교수
- 1973~1977 페르미 국립 가속기 연구소 이론 물리학 부장
- 1974 시카고대학교 교수
- 1976 프린스턴 고등연구소 연구원 초청, 미국 예술-과학 아카데미 회원 선출

아시아태평양이론물리센터(APCTP)

이휘소 업적을 기리기 위해 1996년 6월 대한민국에 세워진 센터입니다. 초대 소장으로 양전닝 교수가 부임했지요. APCTP는 2012년부터 'Benjamin Lee Professorship'이라는 프로그램을 매년 개최하고 있어요. 세계의 이름 높은 물리학자들을 석좌교수로 초청해 아시아와 태평양 지역의 물리학 발전을 위한 공동 연구를 하고 강연도 진행한답니다.

위대한 과학자의 방
천재 물리학자 이휘소를 만나다

초판 1쇄 발행 2022년 9월 30일
　　3쇄 발행 2023년 11월 20일

글 김해등
그림 윤유리
감수 이기진

펴낸이 고영은 박미숙
펴낸곳 뜨인돌출판(주) | 출판등록 1994.10.11.(제406-251002011000185호)
주소 10881 경기도 파주시 회동길 337-9
홈페이지 www.ddstone.com | 블로그 blog.naver.com/ddstone1994
페이스북 www.facebook.com/ddstone1994 | 인스타그램 @ddstone_books
대표전화 02-337-5252 | 팩스 031-947-5868

ⓒ 2022 김해등, 윤유리

ISBN 978-89-5807-927-9　73400

일러두기
이 책에서 나오는 외국 인명, 지명 등의 표기는 국립국어원, 구글 위키백과의 기준을 따랐습니다.
다만 현지의 실제 발음에 가깝게 쓰고자 예외적인 표기를 한 경우도 있습니다.

어린이제품안전특별법에 의한 제품표시
제조자명 뜨인돌출판(주) **제조국명** 대한민국 **사용연령** 8세 이상